CODE

DU

MEUNIER

PARIS. — IMPRIMERIE DE W. REMQUET, GOUPY ET Cie,
Rue Garancière, 5.

CODE DU MEUNIER

OU LÉGISLATION APPLICABLE

AUX MOULINS A FARINE

TRAITÉ

Des règles à observer dans la création d'un moulin à farine, dans la composition de son mécanisme, dans la location et la jouissance

PAR

L.-F. FAVEREAU

ARCHITECTE EXPERT-MÉCANICIEN.

PARIS

CHEZ L'AUTEUR, RUE DU PONT-DE-LODI, 6

ET CHEZ TOUS LES PRINCIPAUX LIBRAIRES.

1861

Cet ouvrage est spécialement destiné aux experts, arbitres, propriétaires et locataires d'usines, constructeurs-mécaniciens, ingénieurs, architectes, à tous les élèves en meunerie, à tous les fonctionnaires chargés d'appliquer les lois et règlements et de faire valoir les usages, et à toutes personnes voulant régir leurs biens ;

Il contient :

Le mode de construction, spécialement des usines à farine, les devis et marchés relatifs au mécanisme, la responsabilité des constructeurs-mécaniciens, la garantie d'usage, les obligations du propriétaire et du locataire vis-à-vis l'un de l'autre, la location des moulins, les droits des parties, les arbitrages, expertises, prisées estimatives, prisées descriptives, la substitution de nouveaux termes aux anciens mots : **tournant, moulant, travaillant, engins, agrès**, etc.; les conditions dans lesquelles un moulin doit être livré au preneur, l'état dans lequel celui-ci doit le rendre, les baux à loyer, les prolongations et ratifications de baux, et autres formules, telles que celles d'expertise, d'arbitrage et toutes autres, répondant aux besoins de cette sorte d'usines.

PRÉFACE

Les intérêts que représentent en France les moulins à farine sont considérables, ces usines étant au nombre de quarante-cinq mille au moins ; et cependant aucun auteur ne s'est, jusqu'à présent, occupé d'établir des règles particulières, propres à aplanir les difficultés inhérentes à ce genre d'industrie.

Nous ne connaissons aucune trace d'un traité particulier de la législation que réclament ces usines, si ce n'est celui relatif aux établissements industriels par l'honorable M. Bourguignat, qui s'est occupé de la jurisprudence des usines en général, et spécialement des divers mécanismes qu'elles renferment, mais sans descendre dans les détails minutieux du mécanisme proprement dit, comme nous avons cru devoir le faire en homme essentiellement pratique.

Ainsi que nous le disions, nous ne sachons pas qu'il existe un ouvrage traitant spécialement des lois et usages concernant les moulins à farine.

Cependant, à toute époque, on a vu chacun attacher une grande importance à son moulin, tant sous le rapport des changements et modifications nécessités par des progrès successifs, que sous le rapport de la cession de ce moulin passant, à chaque fin de période, d'une main dans une autre.

Depuis longtemps, les usiniers, propriétaires et locataires éprouvaient le besoin d'avoir des bases arrêtées et des règles à suivre qui pussent les régir et faire leur loi.

L'évidence de ce besoin nous a frappé dans bon nombre de circonstances, et nous a engagé à faire une étude particulière et approfondie de la jurisprudence, particulièrement au point de vue dont il s'agit.

On comprend toute l'attention que méritent de si graves intérêts, dont les bases et les règles générales sont pourtant encore complétement dans le néant; et l'on conçoit que, dans un pays comme le nôtre, on ne puisse laisser subsister cet état de choses non jugées.

Si les avis des hommes les plus compétents, appelés à y porter remède, différaient essentiellement entre eux, c'est que les uns étaient entraînés par la routine, c'est que les autres n'avaient pas l'habitude de cette sorte d'affaires, c'est que presque tous enfin connaissaient peu les lois.

Personne encore ne s'était appliqué à la recherche de règles particulières bien appropriées aux besoins de la société en pareille matière; ce petit ouvrage devenait donc d'une utilité indispensable.

Depuis plusieurs années nous nous livrons à cette tâche, et déjà plusieurs de nos clients auxquels nous en avons dit un mot, nous ont pressé de l'accomplir.

Nous nous sommes donc efforcé de répondre aux besoins que nous venons de signaler, en exposant les principes à suivre dans les diverses circonstances qui se présentent.

Nous joignons à l'appui de ces principes une quantité de formules brèves et claires, que nous mettons en harmonie avec les articles de la loi à laquelle elles se rattachent; de sorte que notre petit ouvrage pourra, dans beaucoup de cas, tenir lieu de Code.

Nous croyons, dans le nombre des formules, avoir prévu toutes les circonstances dans lesquelles on peut y avoir recours, et nous les avons classées dans l'ordre observé dans notre partie législative.

Désormais toute personne, au moyen de cette brochure, pourra se mettre à l'abri des difficultés suscitées, soit par l'ignorance, soit par le mauvais vouloir ou la mauvaise foi; elle pourra régler ses affaires elle-même et en toute sécurité.

Le propriétaire pourra louer son moulin lui-même : il trouvera dans les formules tous les termes aujourd'hui en usage suivant nos habitudes, nos besoins et nos mœurs.

Il stipulera, dans le bail qu'il fera avec son locataire, toutes les facultés qu'il entend accorder à celui-ci ou se réserver à lui-même; il exprimera, s'il le juge convenable, l'état dans lequel le moulin, et, principalement, le mécanisme, seront livrés au locataire et celui dans lequel le tout devra lui être rendu.

Le locataire, de son côté, fera insérer dans son bail toutes les clauses qui pourront lui garantir la parfaite jouissance de l'usine.

Enfin, propriétaire et locataire trouveront le moyen de s'épargner des désagréments et par conséquent des frais.

C'est avec la pensée de faire une bonne action que nous donnons le jour à notre petit ouvrage, en le livrant à la publicité.

Pour plus de clarté, nous avons divisé ce traité en trois parties principales :

La première comprend la description des moulins, subdivisée en quatre sections.

La seconde est consacrée à la législation des moulins, subdivisée en deux séries de besoins distincts et particuliers.

La troisième contient trente formules venant à l'appui de la partie législative.

Ce dont nous nous occupons spécialement, c'est le moulin pris dans l'acception la plus étendue du mot.

Notre plan a été conçu dans le seul but d'imprimer à notre traité un caractère essentiellement pratique.

Le point qui nous a toujours occupé, c'est de savoir, de connaître les limites où le droit de chacun commence et où il doit finir : en d'autres termes, jusqu'où le locataire a raison, et où il commence à avoir tort, et réciproquement le propriétaire.

Nous adressons notre ouvrage, objet de nos mûres réflexions, particulièrement aux experts, aux arbitres, dont l'intervention, les services sont souvent réclamés pour vider les différends survenus, soit entre propriétaires et constructeurs, soit entre propriétaires, bailleurs et preneurs; ces derniers souvent à l'occasion de prisées.

Nous croyons devoir donner le nom générique de *prisée* à toute opération qui a pour effet de constater, soit l'état pur et simple des objets composant un mécanisme, soit l'état et la valeur de ces mêmes objets. Tel est le sens le plus habituel de ce mot; et nous faisons observer que nous l'emploierons avec d'autant plus de facilité qu'il ne choque point l'oreille de l'usinier.

La prisée peut être remboursable, ainsi qu'elle l'était presque toujours autrefois.

Elle peut ne l'être qu'en partie, ce qui avait lieu lorsqu'il existait une souche invariable.

Elle peut aussi être bourgeoise, c'est-à-dire non remboursable, comme elle se pratique généralement aujourd'hui.

C'est surtout sur les points touchant la prisée que les propriétaires et locataires ont besoin d'être réglementés dans l'exercice de leurs droits; car, pour être dans le vrai, on a besoin de prouver qu'une chose a sa raison d'être par rapport à tel ou tel besoin.

Le mot *prisée* peut donc, sans inconvénient, s'appliquer aussi bien à l'état descriptif pur et simple qu'à l'état tout à la fois descriptif et estimatif. Aussi nous ne nous ferons pas faute d'employer ces titres :

Tantôt, *prisée descriptive*;

Tantôt, *prisée estimative*.

Ayant pour but de préciser les choses, d'éclaircir les faits, nous invitons tous les intéressés dans le bail à bien indiquer ce qu'ils entendent qu'il soit fait, de l'une ou de l'autre de ces deux prisées.

DESCRIPTION

DES

MOULINS A FARINE

Avant d'entrer dans la partie législative, nous croyons devoir dire un mot sur les moulins à farine en général et sur leurs différents systèmes, anciens et modernes.

Nous chercherons à rappeler, autant que possible, à nos lecteurs, l'état dans lequel nous avons vu nos anciens moulins, afin qu'ils puissent, au premier coup-d'œil, se faire l'idée des progrès accomplis, depuis trente-cinq ans surtout.

PREMIÈRE PARTIE

PREMIÈRE SECTION

Moulins des Landes.

Dans les Landes, les Pyrénées et les Ardennes, les moulins à farine sont encore à l'état primitif, à l'état d'enfance.

Dans le centre de la France comme dans le rayon de Paris, ils ont eu aussi leur état d'enfance que nous rappellerons également à nos lecteurs.

Nous commencerons par ceux des Landes qui sont les mêmes que ceux des autres pays que nous avons cités.

Ce genre de moulins se compose d'une petite

roue hydraulique placée horizontalement sur le pied d'un arbre vertical en bois, au sommet duquel sont les meules à moudre.

Il s'ensuit que chaque tour de roue donne un tour de meule.

L'eau est lancée sur cette roue horizontale au moyen d'un conduit en bois, en tête duquel est une vanne à queue de bois fermant et ouvrant le passage de l'eau.

Là se borne tout le mécanisme du moulin proprement dit.

Détail du moulin Landais.

L'arbre unique est en bois de chêne ou de pin, selon la production du pays; il est carré et a en moyenne vingt centimètres de côté.

Il porte un ferrement à chaque bout; celui du bas, sous forme de pivot, tourne sur une crapaudine; celui du haut porte une partie ronde, passant au centre de la meule gisante dans le boitard en bois qui y est engagé, et se termine au sommet en forme de pavillon carré recevant l'anille en fer qui porte la meule mobile.

La crapaudine a de l'analogie avec celle qui reçoit un pivot de porte cochère ; elle est placée sur une pièce de bois. Celle-ci est arrêtée d'un bout par un boulon lui permettant de se lever et de se baisser au bout opposé, afin d'opérer à l'arbre-pivot le mouvement indispensable de tremper et détremper la meule mobile qui coiffe ledit arbre, c'est-à-dire afin d'éloigner ou d'approcher la meule mobile de celle fixe selon le besoin de la mouture.

Pour faciliter le mouvement de trempure, il existe au bout mobile de cette pièce de bois une tige également en bois montant au-dessus du plancher, laquelle tige est percée de plusieurs trous vers le sommet ; dans l'un de ces trous est une broche en fer, et sous cette broche on fait abattage au moyen d'un petit levier en bois ayant une crosse recourbée ; on lève et baisse, par ce procédé, la pièce de bois portant la crapaudine, et là s'opère le mouvement de trempure indispensable à la meule mobile appelée à régler la mouture.

Cet engin remplace ce que nous appelons près de Paris la trempure des meules.

Sur le pied de l'arbre-pivot, ainsi que nous l'avons dit, est une petite roue en bois, assez ordinairement du même diamètre que les meules (1ᵐ 30) ayant six ou huit ailes ou bras en forme de rayons, partant du centre et terminés à leur extrémité en forme d'écuelle inclinée, quelques-uns ayant la forme d'une cuiller à pot ; ils sont placés de champ. Ces bras sont disposés de manière à recevoir l'eau sur leur extrémité en écuelle.

Quelques-unes de ces roues en bois ont un cercle en fer reliant l'extrémité des bras en bois. Ce cercle est déjà une première amélioration, quoiqu'elle ne vaille guère la peine d'être citée.

Aujourd'hui on fait la plupart de ces roues en fonte, avec moyeu carré embrassant l'arbre ; les rayons, se terminant en écuelle, comme par le passé, sont reliés entre eux par un cercle ; le tout du même jet : c'est une seconde amélioration sensible sous le rapport de la solidité.

Cette sorte de roue est la turbine dans son état d'enfance ; elle est, comme nous l'avons déjà dit, sur le pied de l'arbre, et placée dans le sous-sol du moulin d'une manière isolée et n'ayant pour accompagnement que le conduit qui lui donne l'eau.

D'autres sont placées chacune dans une cuve en bois sans fond, où pénètre le conduit de l'eau.

La cuve a l'avantage de mieux guider l'eau sortant du conduit et de ne lui permettre de sortir qu'après avoir produit tout son effet; elle empêche aussi que les éclaboussures ne disparaissent avant d'être retombées sur la turbine, où elles produisent encore un certain effet d'impulsion.

Cette espèce de turbine est, nous le répétons, d'une construction si simple, qu'elle n'exige aucun principe, aucune connaissance théorique : la routine seule suffit pour l'établir.

Elle ne tourne qu'au moyen d'une lame d'eau impétueusement lancée par un orifice chargé, passant par un conduit incliné, de manière à occuper la presque totalité de la chute comprise entre le seuil de la vanne et la surface supérieure de la turbine.

Elle est toujours placée au-dessus de la surface de l'eau inférieure, dans le canal inférieur de l'usine, de manière à dominer les plus grandes eaux normales dudit canal.

L'emploi de la force hydraulique se fait aussi sans principes, sans combinaison aucune, et par conséquent, son application n'exige aucune science.

Cette sorte de moulin n'a qu'un plancher composé de quelques solives assez fortes et de madriers en bois de pin dressés et placés les uns à côté des autres, sans rainures ni languettes qui puissent les unir mieux ensemble; ils sont joints de telle sorte que le grain et la farine, qui parfois échappent des mains et des sacs, peuvent passer à l'étage inférieur qui n'est autre chose que l'emplacement de la turbine.

La meule gisante (immobile) est placée sur les madriers du plancher, dans un encadrement en bois (auquel nous donnerons le nom d'enchevêtrure), non cloué et tout simplement fixé par son propre poids; et il ne peut en être autrement, attendu que lorsqu'il s'agit de mettre l'arbre bien perpendiculairement, on fait glisser sur les madriers du plancher tout à la fois la meule et son châssis.

Les meules ainsi placées sont emboîtées d'une archure formée de courbes en bois, plus ou moins grossièrement faites, presque toutes en plusieurs parties reliées par des crochets ou garrottées par une corde.

A l'enchevêtrure de la meule gisante est pratiquée une entaille par où sort le grain moulu, pour tomber dans une simple boîte en bois que l'on renverse de temps en temps dans le sac.

Le grain ainsi moulu, quelle qu'en soit la nature, froment, seigle ou maïs, est livré à la pratique ou au boulanger.

Le meunier n'est tenu de faire subir au grain moulu aucun tamisage, aucun blutage ; c'est la pratique qui, elle-même, en extrait plus ou moins le son, comme elle le veut, comme elle le peut, et cela au moyen d'un tamis.

C'est également le boulanger qui est appelé à opérer son tamisage. Nous reviendrons au mode qu'il emploie.

Nous continuons les détails du moulin par ceci :

L'anille en fer qui porte la meule mobile (meule tournante) est un morceau de fer plat ayant un

1.

DESCRIPTION

centre un œil carré et dont les extrémités, très-peu étendues, se terminent en queues de carpe.

Sur l'anille est un frayon en bois portant quelques côtes pour agiter le sabot (auget) dans lequel passe le grain versé dans la trémie; ce frayon tourne en même temps que la meule, et c'est au moyen de son mouvement de rotation que ledit auget est agité, ainsi que la sonnette, quand il y en a une, ce qui paraît être du luxe dans les localités dont nous parlons.

Le sabot est un morceau de bois creusé, portant sa batte naturelle qui, touchant successivement les côtes du frayon, fait que le grain est appelé à s'écouler insensiblement pour alimenter les meules.

Sur les archures est un petit chevalet en bois portant le sabot et la trémie propre à recevoir le grain que l'on y verse à dos.

Pour lever la meule mobile, afin de procéder au rhabillage (plutôt repiquage), il existe au-dessus des meules, adapté dans le comble du bâtiment, un moulinet en bois, deux leviers en bois et une corde.

Les meules sont, dans beaucoup de localités,

en grès, soit d'un seul morceau, souvent sans cercle, soit en plusieurs morceaux (deux ou trois) avec un cercle en fer.

Le grès employé en meules est plus ou moins dur et il s'use assez ordinairement très-vite.

Une meule en grès de dix-huit à vingt centimètres d'épaisseur, tournant moyennement six heures par jour, peut durer quatre années ; or, si l'on se servait de cette matière dans les environs de Paris, où les meules tournent toutes les vingt-quatre heures de chaque jour, une meule en grès ne durerait, chez nous, qu'une année ; et si, comme on peut le supposer, les meules, pour être mises hors d'état de moudre, doivent être réduites des deux tiers de leur épaisseur, il s'ensuit donc que la clientèle du moulin aurait mangé dans la période d'une année, avec le produit de son grain passé par le moulin, les deux tiers des deux meules en grès, réduites en poussière : nous ne savons si le grès en poudre, pris à cette dose, facilite ou non la disgestion.

Nous ne sommes pas assez renseignés pour dire que le meunier fasse supporter un déchet à la pratique, déchet produit par la mouture, mais nous nous croyons en droit de le supposer; dans tous les cas, le déchet doit être de peu d'importance, l'usure des meules venant combler en partie le déficit.

Aussi, pour que la farine ne soit point ternie par la poudre se détachant des meules, a-t-on soin de prendre, de préférence à toutes autres, les pierres à meules en grès les plus blanches possible.

A l'heure où nous écrivons, les moulins en question ne sont encore autrement composés; il n'y existe ni blutoir, ni nettoyage, ou, s'il existe un agent nettoyeur, c'est un tarare pur et simple mu à bras; et si, par exception, il se rencontre un agent bluteur, c'est une toute simple bluterie de deux mètres dans son coffre, aussi tournée à la main; et, bien entendu, ces objets, lorsqu'ils existent, sont placés ailleurs que dans le moulin: celui-ci étant bâti et disposé de manière à ne pouvoir les contenir.

Il y a dans l'usine absence complète de machines, d'engrenages, de poulies, de courroies, de cordes et de chaînes.

A son tour, le boulanger possède chez lui deux

moulins ; c'est ainsi qu'il qualifie le tarare et la bluterie.

Le boulanger possède donc chez lui deux instruments qu'il tourne d'une main et engrène de l'autre.

C'est le meunier qui va prendre chez le boulanger le grain à moudre, et qui fournit le personnel pour tourner le tarare du boulanger ; ce travail se fait chez ce dernier, d'où le blé est chargé et transporté au moulin pour y être moulu à la grosse. Le meunier est, comme on le voit, le serviteur du boulanger; et tout cela se passe à merveille.

C'est par le seul effet de la ventilation que le grain est rendu propre à la mouture.

C'est aussi par le seul effet d'une simple bluterie tournée à la main, que la farine se trouve dégagée des parcelles de pellicules, pour être portée au pétrin et y subir toutes les opérations de la panification.

Quelques personnes seraient tentées de croire qu'il existe, au-dessus de cette bluterie, une trémie, un auget quelconque ; non, rien de cela : un sac renversé sur le coffre de la bluterie tout simplement, et c'est de ce sac que l'une des mains de l'homme qui tourne fait sortir et passer à la bluterie ; c'est ainsi que s'opère la distribution pour laquelle il n'a jamais été accordé de brevet. Il est bien constant que l'alimentation de la bluterie est, au moyen de ce procédé, on ne peut plus irrégulièrement faite.

La bluterie surmontée d'une trémie, sans distributeur, est une exception.

Là se bornent la mouture et le blutage.

La mouture se fait donc plus ou moins bien; le blutage se fait comme on peut en juger, très-imparfaitement ; les gruaux ne sont jamais remoulus, ils se trouvent mêlés avec la farine et les petites parcelles de pellicules du grain : voilà de quoi se compose le pain blanc de ce pays.

Néanmoins, il faut bien le reconnaître, de ce qui est sorti de la bluterie, le plus bis et le plus gros sert à faire le pain bis-blanc, et par conséquent du plus fin et du plus blanc on fait le pain de première qualité.

C'est, en un mot, la mouture dans sa plus simple expression : le blé peu ou pas nettoyé, mélangé de pierres, terres et graines; le grain moulu d'un seul trait, plus ou moins bien effleuré, avec des meules en bon ou mauvais état, généralement mal équilibrées, s'égrenant et produisant un sable-farine; le tout bluté d'une seule fois, avec une extraction approximative de plus ou moins de son; laissant, dans tous les cas, et malgré tous les soins apportés à cet imparfait blutage, une multitude de pellicules plus ou moins pulvérisées.

De ces imperfections l'humanité ne souffre-t-elle pas?

La question nous paraît facile à résoudre dans le sens de l'affirmative.

Nous entendons dire par là que l'humain, se nourrissant de choses étrangères aux grains, mélangées dans une certaine proportion, soit de poussières, de graviers, de barbes de grain, de poudre de meule, soit enfin de pellicules dont la nature se rapproche de celle de la paille, son estomac doit en souffrir, et digérer plus difficilement le pain ainsi composé que celui résultant de pure amande de froment.

Nous terminerons par ce qui suit le détail des moulins des Landes, qui sont ceux que nous avons le plus particulièrement visités à notre aise.

L'anille à queue de carpe est très-mince à ses extrémités ; elle est peu engravée dans la meule courante ; l'engravure laisse à l'anille la latitude de varier un peu afin de pouvoir glisser la meule dessus pour l'équilibrer. La meule ainsi équilibrée se trouve excentrique et fait queue d'autant dans sa marche rotative ; souvent son mouvement centrifuge oblige la meule, assise sur l'anille, à se déplacer à tel point que sa marche devient impossible ; aussi les œillards sont petits et ne permettent pas à la meule de se déporter de beaucoup.

La meule se manie de la manière suivante : le moulant (garde-moulin) monte sur la meule, très-communément avec les sabots dont il est ordinairement chaussé ; et, placé au centre, un pied sur le pavillon du fer et l'autre sur la meule, il touche celle-ci du bout du pied, muni de son sabot, et il reconnaît par là si la pente vient du fer ou de la meule.

Lorsque la pente vient du fer, et dans l'hypothèse, c'est la pente de l'arbre de bois en question, il déplace plus ou moins, au moyen d'une pince, la meule gisante et son enchevêtrure.

Et quand, au contraire, la pente vient de la meule, la meule mobile est, au moyen de la même pince, poussée du côté le plus léger.

On ne connaît pas, nous semble-t-il, dans ce pays, d'autres procédés de dressage.

Certaines meules sont à rayons cintrés assez bien entretenus; toutes celles que nous avons vues étaient de ce système.

Le repiquage des rayons et des meules se fait au moyen de marteaux pointus des deux bouts, percés au milieu et ayant un petit manche en bois; on se sert aussi parfois de bouchardes.

La vitesse des meules, dans ces usines, est subordonnée à la volonté, au caprice, à l'idée du maître ou du moulant.

La vitesse n'est indiquée ni guidée par quoi que ce soit : tantôt la meule tourne à soixante-dix révolutions par minute, tantôt au double; tout cela tient à la volonté du conducteur et au plus ou moins d'aspérités que présentent les meules.

Le repiquage des meules en grès résiste très-peu de temps à la mouture, même du blé, qui est le grain le moins dur, surtout lorsque les meules sont tendres; ces meules s'usant très-vite, leur repiquage disparaît ordinairement dans la mouture de quinze à vingt hectolitres de blé-froment, après quoi il faut recommencer l'opération ; il est aussi nécessaire de rafraîchir les rayons presque toutes les fois.

Tous les moulins à farine que nous avons rencontrés dans les diverses localités des Landes et des Pyrénées, sont composés de même, avec des meules plus ou moins blanches et plus ou moins dures.

Nous avons rencontré quelques pierres de meules en cailloux de Bordeaux, qui par leur nature se rapprochent un peu des pierres pleines et siliceuses de La Ferté-sous-Jouarre; de ces dernières on faisait les petites meules, vers 1820, pour les environs de Paris.

A cette époque on commençait à introduire dans les moulins de notre rayon des petites meules en pierre compacte.

Les pierres de Bergerac (Dordogne), dites de Bordeaux, naturellement très-dures, résistent mieux à la mouture que celles en grès; et pour donner des aspérités, on les repique toujours au moyen du susdit marteau pointu.

Le repiquage, se faisant très-irrégulièrement, ne rend pas la meule aussi propre à la mouture qu'elle l'est dans nos environs.

Dans l'emploi de ces meules en cailloux, il y a déjà un acheminement vers l'amélioration; seulement il reste à leur faire un rhabillage combiné, avec des marteaux tranchants, et par ciselures, sur toute la surface lisse du caillou ; et non par petits trous, par petites cavités faites çà et là, laissant entre elles des parties pleines et marbrées que nous nommons portants.

Certaines des usines dont nous nous occupons ne comportent qu'une paire de meules ; il en est d'autres où il y en a plusieurs.

Dans tout état de cause, chaque jeu de meules a son arbre-pivot et sa petite turbine; tous ces moulins, au reste, sont semblablement composés et ne diffèrent en rien les uns des autres.

Chaque jeu de meules tourne après l'autre et rarement en même temps ; car presque toujours toute l'eau de la rivière est appelée à faire tourner un seul jeu à la fois, lors même qu'il y en a un plus grand nombre dans l'usine.

Chaque moulin tourne aussi vite que possible, de sorte que les meules se sont bientôt échauffées au point d'être mises hors d'état de pouvoir moudre; c'est alors que le jeu de meules qui vient de tourner est arrêté et qu'un autre jeu est mis en mouvement, ainsi de suite, jusqu'à ce que la série de meules soit épuisée ; et, bien entendu, le tout autant que le soleil donne sa clarté, car aussitôt la nuit tombée, repos complet et de l'homme et du moulin. Le même conducteur peut donc recommencer pareil travail le lendemain, sans inconvénient et sans trop de fatigue.

Aussi, la plupart de ces employés gagnent, en sus de leur nourriture, huit à dix francs par mois ; celui qui demeurait le plus près de nous gagnait soixante-dix francs par an.

Le maïs, dans le département des Landes, figure dans la mouture pour les neuf dixièmes; les habitants du pays se nourrissent de méture (pain de maïs) avec des sardines de grande dimension et du porc salé jambonné.

Le pain de seigle vient ensuite jouer son rôle ; mais, par esprit d'économie, il en est peu mangé; et le pain de froment est le pain de luxe pour les campagnards, pain que l'on ne mange guère que les jours de fêtes et de marchés.

Le bâtiment du moulin est généralement peu élevé, la hauteur ordinaire d'une porte détermine à peu près la hauteur des murs de l'édifice ; c'est donc de deux mètres à deux mètres cinquante centimètres que se trouve élevé l'égout du toit, au-dessus du sol extérieur. Le toit est très-peu incliné et couvert en tuiles creuses.

Le bâtiment ne contient que le seul et unique plancher qui porte les meules.

A ce bâtiment de toutes petites fenêtres non fermées tiennent lieu de croisées.

Ainsi que nous l'avons déjà dit, il y a absence complète de machines: pas de tire-sac, rien, absolument rien qui puisse exonérer le conducteur de tout porter à dos, pas de brouettes à sac.

Voilà donc l'état dans lequel, de 1851 à 1853, nous avons trouvé les moulins, mécanisme et bâtiments, des départements des Landes et des Basses-Pyrénées ; c'est encore dans ce même état qu'ils sont aujourd'hui, 1861, à quelques exceptions près.

Citation d'un fait.

En 1851 nous fûmes appelé dans les Landes, par un propriétaire connaissant les moulins des environs de Paris, auquel il vint à l'esprit d'en construire un semblable aux nôtres et dont la roue hydraulique à godets fit mouvoir cinq paires de meules mues par engrenages, avec un nombre suffisant de bluteries et d'objets de nettoyage propres à compléter la mouture.

Oui, c'est à cette époque qu'il fut question d'édifier à Poustagnac, commune de St-Paul-lès-Dax, le moulin dont nous venons de parler ; moulin qui est à peu près le seul de ce genre dans les localités environnantes.

Lorsqu'il fut question du projet, un meunier du Marausin s'offrit comme locataire ; les propositions qu'il fit paraissant sérieuses, il fut prié de s'entendre avec nous sur le mode à adopter pour la construction du bâtiment et des machines. Cet homme complétement étranger au système de moulin dont il s'agissait, quoique doué d'une grande intelligence, ne comprit rien à notre projet. Défiant de son naturel, aussitôt que nous lui donnions quelques explications tendant à l'éclairer sur ce dont il était question, il repoussait nos dires et nous tournait en ridicule, tant était profonde son incrédulité. Il était cependant très-désireux de devenir locataire d'un moulin autre que ceux de lui connus. De son côté il nous posa une infinité de questions sur la composition de cette usine; de sorte qu'autant de réponses que nous lui fîmes furent pour lui autant d'occasions de témoigner son incrédulité : la différence entre les moulins de ce pays et les nôtres lui paraissait exagérée.

Nous fîmes la remarque, chez cet homme, qu'il y avait la ressource du bon vouloir, de l'activité et de l'intelligence; et sur l'avis du propriétaire, nous l'invitâmes à venir dans nos localités visiter divers moulins, afin qu'il se rendît compte par lui-même de ce que devait être le moulin qu'il désirait exploiter; notre invitation fut acceptée et, le jour du départ arrivé, nous partîmes pour Paris après toutefois que ce monsieur se fût garni le gousset et eût pris des papiers en règle pour la sécurité de sa personne : ce voyage était pour lui une affaire d'État.

Enfin, nous prîmes la diligence venant de Bayonne ; et, après avoir parcouru deux cents kilomètres, nous arrivâmes à Bordeaux où nous trouvâmes ce majestueux chemin de fer prêt à transporter, comme tant d'autres, notre Landais enthousiasmé ; cette voie ferrée fut déjà pour lui une surprise fort agréable en lui permettant de franchir la distance de Paris, avec une rapidité à laquelle il ne pouvait croire ; et, cette distance parcourue, nous arrivâmes à Paris sains et saufs.

De voir Paris, notre homme était tout ébahi ; ne s'expliquant pas pourquoi et à propos de quoi il voyait autant de monde à la fois circuler dans les rues.

Nous quittâmes bientôt la capitale pour aller satisfaire au pressant besoin qu'il éprouvait de voir les moulins dont nous l'avions entretenu.

Nous allâmes à Saint-Chéron, dans le petit moulin que nous avions à loyer, comportant trois paires de meules mues par engrenages.

Nous trouvâmes précisément un jeu de meules en rhabillage ; notre meunier se mit à genoux pour voir de plus près, il examina la pierre sous le rapport du grain, de la nuance, du rayonnage et de la ciselure qui en fait le rhabillage ; il vit les marteaux à rhabiller à la forme desquels il n'avait pas voulu croire ; il vit en un mot, que ce que nous lui avions annoncé n'était autre chose que l'exacte vérité ; il examina les engrenages se communiquant simultanément le mouvement ; il vit la boulange sortir des meules, s'élever au sommet du bâtiment ; là, s'introduire dans le refroidisseur et ensuite dans les bluteries successives ; et, comme d'habitude, chaque marchandise différente allant prendre la place qui lui était destinée.

Il vit les blés se nettoyer dans les appareils, les sacs s'élever comme par enchantement au moyen d'une corde s'enroulant sur un treuil ; ce qu'il n'avait jamais vu se faire mécaniquement.

Cet homme fut déjà émerveillé du peu qu'il vit à Saint-Chéron. Troublé par le nombre des machines s'offrant pour la première fois à sa vue, il devint confus et honteux de l'état d'incrédulité dans lequel nous l'avions trouvé chez lui, contestant tout ce qui lui paraissait étrange. Enfin il reprit ses sens, se confessa de son ignorance et nous demanda pardon, mille fois pardon de tout ce qui s'était passé, de toutes nos allégations qu'il avait repoussées avec ardeur, et bientôt il ne lui resta plus de doute.

Avant cela, il ne voulait croire que des meules à moulins, moulant du grain, pussent tourner continuellement, et surtout pendant les 24 heures de chaque jour.

Étant à Saint-Chéron, il avait donc à s'en convaincre ; le soir arrivé, nous le mîmes reposer dans une chambre avec lumière et allumettes pour le besoin.

Notre homme, ne s'en rapportant qu'à lui-même, se lève trois fois dans le cours de la nuit, sa lumière à la main, et se glisse à pas de loup dans l'usine, afin de s'assurer si ce bruit constant qu'il entendait était bien celui du moulin tournant à propos, avec ses meules et du blé dedans.

Le jour arrivé, il fut encore convaincu de ce côté ; et, n'oubliant pas un instant combien il nous avait contesté de choses, il redoubla d'excuses à notre égard ; ne perdant pas de vue qu'il nous avait dit un jour qu'il ne croirait que lorsqu'il aurait le doigt sur chaque chose : c'était précisément cette réponse qui avait amené la proposition que nous lui avions faite de nous suivre à Paris, ce à quoi il avait consenti, désespéré cependant de quitter son pays un instant.

Enfin, émerveillé de plus en plus, mais poussant la défiance jusqu'au point de croire qu'il n'y avait peut-être que le moulin qu'il venait de voir qui fût monté de cette manière, il fut conduit par nous à Bandeville, où six jeux de meules étaient mus par courroies ; nous lui fîmes l'observation que ce moulin différait du nôtre par le nombre des meules et par leur transmision de mouvement.

En entrant dans le moulin de Bandeville, il aperçut une forêt d'arbres en fer, de poulies en fonte, d'engrenages, de courroies se croisant, s'entrelaçant, et dont la mêlée lui paraissait inévitable.

Là encore, plus que chez nous, fut grande sa surprise ; enfin, il consentit à croire à l'avenir tout ce que nous voudrions bien lui confier, et il en fit le serment.

Voilà donc, une fois de plus, notre monsieur convaincu. Non, nous ne sachions pas qu'il y ait jamais eu un provincial plus incrédule, plus difficile à convaincre que notre brave et honnête compagnon de voyage.

Il fut heureux pour nous de pouvoir lui fournir toutes les preuves de ce que nous lui avions avancé ; autrement son pays nous eût été interdit à jamais. — Tandis que le contraire eut lieu, nous fûmes par lui généreusement accueilli ; le moulin projeté se fit, il en devint locataire, ce qu'il s'était bien promis en quittant Paris, voulant à tout prix et par tous ses efforts, sortir de la position dans laquelle il était né, petit meunier des Landes.

Ce moulin une fois établi, le meunier fut dans l'obligation de s'adjoindre un garde-moulin des environs de Paris, que nous lui procurâmes : attendu que ni lui ni son ancien moulant ne pouvaient conduire cette nouvelle usine.

Le meunier se rendit donc à l'évidence. Il prit un garde-moulin de Meaux habitué à nos nouveaux moulins, qu'il paya 80 francs par mois, plus la nourriture, c'est-à-dire, douze fois et plus le prix de son ancien garde-moulin.

Ainsi que nous le disions plus haut, les choses

se passaient ainsi en 1853, au moulin de Poustagnac, sur la voie du chemin de bois conduisant de Dax à la forêt de Marausin ; ce moulin est situé près de la tête du chemin de bois, commune de Saint-Paul-lès-Dax.

Le meunier fit donc tout ce que nous avions dit, tout ce qui était en son pouvoir pour être le locataire du moulin en question. En effet, il en devint locataire le 9 février 1851, quoiqu'il n'ait été monté qu'en 1853 : il eut donc un moulin installé comme ceux des environs de Paris.

C'est grâce à la grandeur de son caractère, c'est grâce à son intelligence et à son activité ; c'est à son honneur et à sa gloire qu'il devint un des premiers meuniers de sa localité, et de plus qu'en 1858, il devint encore propriétaire dudit moulin.

>   Lartigue a voulu nous prouver,
>   Qu'à tout homme voulant grandir,
>   Il lui suffisait de s'efforcer
>   Et de vouloir, pour parvenir.

DEUXIÈME SECTION

Moulins du milieu de la France dans leur état primitif.

Les moulins des environs de Paris et du milieu de la France ont eu, comme les autres, leur état primitif, leur état d'enfance.

Nous n'entreprendrons pas la recherche de leur origine, qu'il serait pourtant assez intéressant de préciser.

Les bâtiments contenant ces moulins étaient généralement peu élevés ; ils possédaient au plus un étage sur un rez-de-chaussée, et un grenier servant de second étage ; souvent le bâtiment n'avait qu'un plancher avec comble au-dessus ; ceux d'une plus grande élévation faisaient exception à la règle.

Ces bâtiments avaient peu d'ouvertures et presque toutes étaient sans croisées, fermées seulement chacune par un volet.

L'habitation était ordinairement prise aux dépens du bâtiment du moulin; de sorte que la partie du rez-de-chaussée affectée au moulin était réduite à deux travées, quelquefois tronquées; l'habitation n'occupait que le rez-de-chaussée, le grenier au-dessus dépendait du moulin.

Ces habitations, ainsi placées sur un sol peu élevé, étaient généralement humides et malsaines. Les meuniers, nos aïeux, nos parents, nous ne savons à quels degrés, se contentaient de leur sort; ils vivaient dans ces trous, osons-nous dire, si on les compare un instant avec les habitations de nos jours; ils y élevaient leurs familles, et plus que nous, ils vivaient vieux.

La mouture du grain, dans ce temps-là, se faisait à peu près pour le boulanger comme pour la pratique, sans beaucoup de distinction; et les matières et les denrées étrangères aux grains dont on se nourrissait n'étaient pas, il faut le croire, dans une proportion telle qu'elles dussent nuire beaucoup à la santé : la longévité alors semblerait indiquer le contraire.

Nous sommes arrivés à une époque où l'on fait

tous ses efforts pour éloigner du bon grain tout ce qui lui est étranger. Tout naturellement, notre pain est de plus pur froment; malgré cela, notre existence est incontestablement plus courte : la poussière des graviers et des graines paraîtrait donc renfermer un principe de longévité.

Nous venons maintenant faire la description des objets composant le moulin dans son état primitif :

Les roues hydrauliques, alors à palettes, étaient toutes placées à l'extérieur du bâtiment et non abritées.

Elles étaient très-étroites (40 à 50 centimètres) tournant chacune dans un coursier aussi très-étroit, construit en pierre ou en bois, accompagné d'une rigole de décharge à côté; en tête de ce coursier et de cette décharge étaient deux vannes se levant pour lâcher l'eau; ces vannes étaient encore plus étroites que le coursier et la décharge.

La vanne motrice se levait pour laisser passer, entre elle et le seuil, la lame d'eau nécessaire pour donner à la roue hydraulique l'impulsion qui faisait mouvoir le moulin en entier dont elle était le récepteur hydraulique.

La roue à palettes avait à son centre un arbre en bois, muni de deux tourillons en fer carré et de quatre ou six frettes, trois à chaque bout, pour cercler le bois ; ces tourillons reposaient chacun sur un tasseau, un plamart, qu'aujourd'hui nous nommons coussinet, fait en bois dur, lequel était incrusté dans une grosse pièce de bois coincée et étrésillonnée de toutes parts, pour en assurer la stabilité.

Sur l'arbre de la roue hydraulique, pénétrant à l'intérieur du moulin à travers une ouverture (œillard) pratiquée dans le mur de tempanne, était un rouet en bois commandant une lanterne aussi en bois, celle-ci fixée sur le fer de meule. La meule était mise en mouvement au moyen de la roue hydraulique, par l'intermédiaire des deux grossiers engrenages en bois que nous nommons rouet et lanterne, lesquels étaient consolidés par quelques ferrements.

Toutes les meules, ou à peu près toutes, étaient d'un diamètre de deux mètres (6 pieds 2°) et d'une nature très-poreuse; celles les plus recherchées étaient d'une nature calcaire et provenaient des carrières tarterelles de La Ferté-sous-Jouarre ; d'autres étaient de la provenance des molières près Limours (Seine-et-Oise).

La roue hydraulique tournait avec une vitesse non réglée et en rapport avec l'impulsion donnée par le volume plus ou moins considérable d'eau sortant d'un orifice chargé (ce que l'on appelait eau baudée), de sorte que la roue était lancée à une vitesse de douze à quinze tours par minute, selon la force de l'eau. Il s'ensuivait que le rouet en bois, cinq fois environ grand comme la lanterne, imprimait aux meules plus ou moins de vitesse, en raison de la force hydraulique : environ 75 tours si la roue marchait à 15 tours.

La meule de 2^{m}00 faisant de 70 à 75 révolutions à la minute avec une impulsion sérieuse, pouvait alors moudre trente hectolitres de blé en vingt-quatre heures.

Ne perdez pas de vue que nous parlons ici du moulin dans son état d'enfance, et dont la roue marchait presque à la vitesse de l'eau. Sa force ne produisait que vingt à vingt-cinq pour cent d'effet utile.

Ne confondez pas ce moulin avec le même

moulin restanré et modifié depuis par nos pères, alors qu'on a su mieux tirer parti de la force hydraulique.

Nous continuons la description d'un moulin dans son enfance.

Les meules étaient portées sur un beffroi, qui ordinairement était un peu en contre-bas du niveau du plancher du premier étage ; le beffroi avait été ainsi établi pour faciliter l'ascension des meules, c'est-à-dire le montage des meules ; attendu qu'entre la hauteur du beffroi et celle du premier plancher, il existait une différence assez grande pour permettre aux meules d'y passer en les glissant sur deux pièces de bois inclinées, (coulottes) et à l'aide d'un cabestan garni de deux leviers et d'un gros câble.

Le beffroi était composé, comme nous en rencontrons encore quelques-uns, mais rarement, de quatre ou six gros poteaux carrés en charpente de chêne brut, c'est-à-dire non varlopé. Deux poutres coiffaient lesdits poteaux, étant posées parallèlement au mur de tampanne, avec traverses entre elles et liens dessous en tous sens ; les poteaux étaient assis sur deux semelles de beffroi, ou deux demi-poutres engagées ou non dans le sol ; ces deux semelles étaient placées sur deux parties de mur en fondation qui ordinairement bordaient la fosse du rouet.

L'ensemble du beffroi ne faisait nullement corps avec le plancher du moulin, celui-ci étant interrompu à l'endroit du beffroi.

Sur ce beffroi étaient plusieurs madriers portant les meules et quelques planches tenant lieu de plancher, pour y mettre le pied.

Du beffroi au plancher, la différence de hauteur était atteinte au moyen d'un escabeau à plusieurs degrés, lequel se dérangeait au besoin.

Les escaliers d'alors étaient tout simplement des échelles de meunier (ainsi nommées) dont une montait du sol au beffroi ; il y avait un escabeau du beffroi au plancher et une autre échelle du premier au second étage, quand il en existait deux.

Sur ce beffroi étaient les meules de deux mètres (environ) dont celle gisante était scellée dans un châssis en charpente brute ayant le sciage en dessus, ce que l'on nomme l'enchevêtrure ; et la seconde meule, celle mobile, était, comme celles d'aujourd'hui, emboîtée par une archure faite en larges courbes d'orme ou de bois blanc, s'adaptant bout à bout par des goujons en bois et garrottées par une corde serrée au moyen d'un petit bout de bois rond, et au besoin par un manche de marteau à rhabiller; sur ces courbes appelées cerches se mettait un couvercle en planches barrées, en deux pièces, que l'on nommait couvre-seaux.

Puis, plantés debout sur l'enchevêtrure en question, étaient quatre montants et deux chapeaux que l'on nommait porte-trémillons, et ensuite deux longues traverses reposant des deux bouts sur lesdits chapeaux, arrêtés, soit par un goujon en bois, soit par une entaille; sur les deux traverses était assise la trémie, dans laquelle on portait le grain à dos.

Sous la trémie était un auget agité par un frayon en bois, enfourché sur l'anille où il recevait son mouvement de rotation.

A cette époque il n'existait aucun moyen de nettoyage ni de blutage; chacun extrayait le son de sa farine comme il le pouvait, particulièrement au moyen d'un tamis.

Chacun alors, et même un peu plus tard, s'ingéniait à trouver un bon moyen de tamisage, de sassage, afin de ne pas manger avec la farine tout le son rendu par le meunier.

La meule courante se levait au moyen d'un cabestan avec leviers, et un câble agencé de manière à opérer la levée de la meule restant debout pour en faciliter le rhabillage.

Le fer des meules était carré ; il était appointi du pied en forme de pivot trempé ; du haut il portait une fusée ronde et le sommet, qui était carré, passait dans l'œil de l'anille.

Au collet, c'est-à-dire à la hauteur de la fusée du fer, dans la meule dormante, étaient deux boîtillons (deux coussinets) en bois dur enchâssés dans un vieux moyeu de roue de voiture placé et scellé au centre de la meule dormante : ce moyeu était le boîtard d'alors.

L'anille était en fer carré de bonne dimension ; elle avait un œil carré s'emboîtant sur le pavillon du fer de meule, et le surplus formait quatre bras logés chacun dans une engravure pratiquée dans la meule courante.

Le pavillon était alors juste dans le trou de

l'anille, ne laissant aucun jeu, et lorsqu'il s'agissait de dresser la meule, de l'équilibrer, on mettait un coin de fer sur un ou plusieurs bras de l'anille, dans l'engravure; c'est par ce moyen que s'opérait le dressage de la meule courante.

Sous la pointe du fer des meules était une petite boîte en fer, forgée par le maréchal, laquelle était placée dans une entaille faite à la pièce de bois la supportant; dans cette boîte en fer, nommée poëlette, était un morceau de fer grossier ayant au milieu un grain d'acier trempé, recreusé en forme de crapaudine, de pivot de grande porte. La pointe du fer, aussi trempée et en acier, tournait là tout à son aise; cette pointe, nullement arrêtée ni retenue d'aucun côté, sortait souvent de sa crapaudine, surtout lorsqu'il passait dans les meules quelque chose qui pouvait soulever la meule courante, et lorsque encore il arrivait un choc dans les engrenages, qui alors n'étaient pas toujours en bonne harmonie entre eux.

Sous la poëlette était une grosse pièce de bois servant de palier qui, de chaque bout, reposait sur une traverse engagée dans deux poteaux du beffroi. Les deux chaises ou traverses placées entre les poteaux étaient à coulisse afin de pouvoir être élevées ou abaissées selon que les meules étaient situées plus ou moins haut sur le beffroi. Le palier et les deux chaises dont il s'agit étaient coincés de toutes parts, afin que la poêlette fût dans un état d'immobilité. La trempure d'alors était composée d'un levier en bois ayant d'un bout une tige en fer plat brochée à une des chaises, et de l'autre bout une corde, une cheville fichée dans un plateau du beffroi et un contre-poids souvent formé d'une pierre; la cheville à laquelle s'attachait cette corde se nommait cheville ouvrière. La trempure ainsi composée était bien la même que celle qui existait dans l'état primitif; elle était trop simplement établie pour qu'il y fût jamais apporté d'amélioration; cet objet n'était pas propre, mais il était commode, et son mouvement à bascule atteignait parfaitement le but.

Le dressage de la meule courante s'opérait aussi par la pipe, c'est-à-dire que l'ouverture de l'anille laissait du jeu sur le pavillon carré du fer de meule, et que ce jeu était occupé par une pipe placée sur chacune des quatre faces du pavillon, où elle était frappée et serrée de manière à dresser la meule sur son arbre; ce moyen était déjà plus ingénieux que celui de la cale mise sur le bras de l'anille : alors on avait dans le moulin deux outils qui n'existent plus aujourd'hui, le pipoir et le dépipoir, lesquels étaient tout spécialement affectés au dressage à la pipe des meules.

TROISIÈME SECTION

Moulins modifiés par nos pères.

L'état primitif des moulins du milieu de la France s'est prolongé nous ne savons combien de siècles.

A certaine époque, nos grands-pères ont été appelés à les entretenir et à leur apporter l'amélioration peu marquée que nécessitaient leurs différents besoins.

Nous avons dit que chacun des bons moulins, qui dans l'enfance étaient généralement mal combinés, pouvait, avec une force d'eau sérieuse, moudre environ trente hectolitres de blé, qui, du poids de 75 kilog. l'un, faisaient deux mille deux cent cinquante kilog. par 24 heures; ci . . . . 2250 k. »

Divisés par 24 heures .   24 h. »
C'est par heure . . .   93 k. 700 g.

Les changements peu marqués apportés à ces moulins n'ont guère été opérés qu'aux roues hydrauliques, construites encore sans principes et sans connaissances hydrauliques; la routine seule faisait que les uns s'en tiraient mieux ou moins mal que les autres.

A ces moulins, on a commencé à ajouter un tire-sac; le premier qui fut introduit se mouvait à bras.

Il se composait d'un moulinet en bois tournant sur deux supports aussi en bois, le tout placé dans le sommet du comble du moulin; sur ce moulinet était une corde au bout de laquelle s'accrochait le sac en passant par les trappes pratiquées dans les planchers; c'est là aussi qu'ont pris naissance les trappes, car avant cela tous les sacs étaient montés à dos d'homme par les échelles de meunier, quoique ces échelles fussent très-incommodes.

Sur le moulinet était une roue en bois avec bras en bois passant à travers ledit moulinet, ce qui faisait la solidité de la roue; celle-ci portait une gorge, ronde ou angulaire, dans laquelle étaient placés des pieds de biche en fer, peu éloignés l'un de l'autre pour empecher le glissage de la corde sur la gorge, si cette gorge fût restée à nu. Sur cette roue était une corde sans fin, pendant jusqu'au rez-de-chaussée, et dont chaque branche passait dans un trou pratiqué dans le plancher. C'est en tirant toujours sur la même branche de ce cordage que s'opérait l'ascension du sac attaché au bout de la corde du moulinet; de telle sorte que le sac gagnait la hauteur du plancher où il était reçu.

Voilà le tire-sac dans son état d'enfance.

Nous en rencontrions encore quelques-uns dans les moulins en 1820, et depuis, cette machine n'a plus été admise que dans les magasins où tout moteur manque.

Le second tire-sac introduit dans les moulins fut celui mécanique, commandé directement par le rouet.

Il était composé d'un treuil en bois portant ses tourillons en bois tournant dans deux montants également en bois, dont l'un était fixe et l'autre mobile ; celui mobile était agencé de manière à éloigner et approcher le treuil du rouet; sur le treuil était une lanterne en bois semblable à celle des meules, de sorte que lorsqu'il s'agissait de faire mouvoir le tire-sac, on opérait le rapprochement de la lanterne dont les fuseaux s'engageaient dans les dents du rouet, et la lanterne tournait avec le treuil sur lequel s'enroulait la corde, qui d'abord allait passer dans une poulie placée au sommet du bâtiment, perpendiculairement aux trappes pratiquées dans les planchers; et c'est par ces ouvertures que retombait la corde du tire-sac à l'extrémité de laquelle s'accrochait le sac à monter de bas en haut, où, étant arrivé, une corde d'embraiement, ayant opéré le rapprochement de la lanterne du rouet, une fois lâchée, l'éloignement, ou pour mieux dire le débraiement s'opérait de lui-même, et à l'instant on mettait la main au sac qui cessait de monter; et l'opération était finie.

Voilà le premier tire-sac mécanique qui ait été introduit dans les moulins. Il a déjà rendu d'éminents services; aussi fut-il propagé partout; quelques garde-moulins intelligents s'en donnaient un, qu'ils faisaient eux-mêmes pour s'épargner la peine de porter et de monter tous les sacs à dos.

Ce tire-sac a donné l'idée d'établir au dernier étage du moulin un petit chargeoir à dos sur lequel le sac venait se reposer debout, et d'où il était pris à dos pour en verser le contenu dans la trémie ; car à cette époque la brouette n'était encore utilisée qu'à rez-de-chaussée.

De loin en loin il s'opérait, dans ces moulins, quelques petites améliorations, qui par la suite, firent pour nous l'objet de suppressions ; c'est ainsi que se passèrent les choses.

A certaine époque que nous ne saurions préciser, sont arrivés les bluteaux en étamine, qui, placés deux dans un même coffre, superposés et agités par une batte frappant sur un croisillon en bois placé sur le fer des meules, opéraient le tamisage du blé moulu sortant des meules, par la séparation bien distincte de la farine, du gruau et du son. Au moyen de ces bluteaux on obtenait assez nettement l'extraction de toutes les parcelles de pellicules du grain de blé, ce qui fut déjà un progrès, une amélioration prononcée.

C'est alors que la mouture put commencer à devenir meilleure, les gruaux pouvant être séparés de la farine et remoulus ensuite pour en extraire la farine et la mélanger à celle obtenue par le premier tamisage; ce qui se fit par la suite. Les meules de cette époque n'étaient pas de nature à bien affleurer, elles produisaient beaucoup de gruaux et généralement une farine ronde, le blé étant pulvérisé à la grosse. Par suite de cela, l'amande du blé conservait tout son poids toute sa saveur, et la blancheur, sous une fausse apparence, ne se développait qu'au pétrin.

Nous rappellerons en quelques mots ce qu'étaient encore les moulins des environs de Paris et du centre de la France de 1816 à 1820.

Jusqu'en 1818 les architectes, et surtout les ingénieurs, n'avaient nullement été appelés à donner leur avis sur le mode de construction à suivre, soit pour la réédification des usines existantes, soit pour la création de nouvelles usines; si ce n'était toutefois l'ingénieur des cours d'eau qui venait procéder administrativement, afin de prescrire les mesures et formes à suivre pour tout ce qui est relatif au régime des eaux.

Ainsi, lorsqu'il s'agissait ou de bâtir ou de restaurer une usine à farine surtout, le propriétaire et le meunier prenaient le charpentier le plus intelligent de la localité, et celui qui paraissait le moins étranger à l'art mécanique.

Ce charpentier, employant tous ses talents, toutes ses connaissances routinières, édifiait l'usine en question, et il en composait le mécanisme à l'aide d'un menuisier et d'un serrurier adroits ; mais à ce dernier on préférait un taillandier à cause de la trempe des pointes, des pas et des fusées des fers de meules.

C'était aussi ce même charpentier qui était appelé à faire les expertises des moulins de l'époque et à en régler le compte, qui alors se faisait en espèces sonnantes et expressément au comptant.

Il faut dire que généralement les objets composant la prisée étaient positivement vendus au locataire exploitant, à dire d'experts, et celui-ci à son tour sa jouissance finie rentrait dans la valeur de sa prisée, toujours établie à dire d'experts, ce qui donnait d'autant plus d'intérêt à cette sorte d'opération.

La cession d'un moulin se faisait ordinairement à l'amiable, entre les parties intéressées, par des experts auxquels chaque commettant donnait son pouvoir particulier, et les choses, on peut le dire, se passaient, à quelques exceptions près, généralement bien, les parties intéressées ayant pour principe de ne jamais désavouer leurs experts ; mais ces choses n'étaient pas sans inconvénient, ainsi que nous le verrons plus loin.

Nous disons que les constructions des anciennes usines étaient toutes faites ou dirigées par les plus habiles charpentiers des différentes époques, lesquels appréciaient plus ou moins bien la force motrice de l'usine, et divisaient les eaux de manière à donner l'impulsion à autant de roues hydrauliques qu'il leur paraissait y avoir de force de paires ou de jeux de meules.

Tout cela, bien entendu, était apprécié et jugé à peu près, et selon le plus ou moins d'habitude qu'avait le constructeur ou directeur, sans principes et sans génie, si ce n'est le génie naturel.

Les choses se passèrent ainsi pendant un grand laps de temps, et cet état n'a même cessé que de nos jours : il reste encore un assez bon nombre de moulins pouvant offrir les preuves de ce que nous avançons.

Les moulins modifiés par nos pères sont ceux que nous avons trouvés, en 1818, montés comme autrefois avec une roue à palette ou à godets, selon que le permettait la chute.

Déjà la roue à godets, recevant l'eau à son sommet, était une grande amélioration apportée par nos aïeux; ensuite vint un rouet, une lanterne ou un pignon, le tout en bois, grossièrement fait et à grands pas, c'est-à-dire les dents placées à une grande distance l'une de l'autre, de sorte que la lanterne ou le pignon était plutôt octogone que rond, car le plus souvent la lanterne n'avait que huit fuseaux et le pignon huit dents, quelquefois dix et rarement douze.

Les meules de molières avaient déjà été remplacées par celles de La Ferté-sous-Jouarre, celles-ci, bien choisies et d'un bon grain de pierre à œil de perdrix, vives et ardentes, d'une teinte bleuâtre très-claire; déjà la mouture se faisait mieux, presque toujours le gîte était convexe et la courante concave : il eût semblé à nos ancêtres que si le gîte n'eût pas eu de pente vers la feuillère, la farine n'en serait pas sortie. Cette convexité était ordinairement de huit centimètres de hauteur; nous avons vu en Normandie des meules qui avaient un mamelon de quinze centimètres de hauteur; c'était une vraie éminence implantée au centre de la meule. Ce mamelon paraissait faciliter l'entrée du grain; et la pente ensuite, la sortie.

Les meules étaient encore, comme par le passé, posées comme un ancien beffroi moins élevé que le plancher du premier étage; celle gisante scellée dans une enchevêtrure en bois, et celle de dessus, couverte d'une archure d'ancienne forme; mais la plupart, formées de six parties s'agrafant ensemble par des crochets.

Et tout le surplus du moulin était encore comme auparavant.

Les moulins, à cette même époque, possédaient un tarare ventilateur et un cylindre horizontal en tôle piquée dont l'arbre était revêtu de tôle découpée en grandes dents de loup, ayant pour effet de décrasser le grain.

Ce tarare et ce cylindre étaient mus par des poulies à gorge angulaire sur lesquelles étaient une corde ou une chaîne en fer.

Le blutage s'opérait aussi par des bluteaux en étamine.

Ainsi que nous l'avons dit, chaque moulin était pourvu de son tire-sac mécanique, grossièrement établi à la vérité.

Les moulins à blanc, travaillant pour le commerce, différaient peu de ceux à petits sacs, si ce n'est que le moulin à blanc possédait déjà une bluterie ronde de plusieurs mètres de longueur, ayant 70 centimètres de diamètre environ, couverte de kintin et canevas pour opérer le triage des sons. Cette bluterie était mue par le même moyen que le tarare et le cylindre.

C'est en 1818 que nous mîmes pour la première fois la main à l'œuvre dans un moulin à farine.

C'est à Chagrenon, chez M. D..., que nous commençâmes notre apprentissage par la préparation des dents de rouets en bois et des fuseaux de lanternes; car, c'est avec ces grossiers organes mécaniques que le célèbre négociant a commencé sa carrière de meunier fabricant de farine. C'est à la suite qu'il a donné une plus grande extension à son commerce, et il n'a jamais cessé de marcher le premier dans la voie du progrès.

Aussitôt, certes, un petit nombre de meuniers ont suivi de plus ou moins près les traces de l'habile négociant de qui j'ai l'honneur d'être le compatriote.

En 1818, notre mémoire ne nous permet pas d'assurer, qu'il n'y eût pas encore, à Chagrenon ni ailleurs, de rouet en fonte ; mais ce dont nous nous souvenons parfaitement, c'est d'y avoir vu une roue d'angle en bois à double denture ; les dents étaient placées sur deux lignes circulaires, superposées et chevauchées, agissant sur un pignon à double denture qui était, croyons-nous, fait en bois et bien cerclé.

Ce rouet et son pignon ont été ou faits ou commandés par M. Cartier, qui, lui, de son côté n'a pas tardé non plus à faire des progrès dans l'art mécanique.

C'est alors que les rouets en fonte aujourd'hui si répandus ont commmencé à jouer leur rôle ; c'est alors que ces roues d'angle sont venues remplacer un si grand nombre de rouets en bois à jante verticale, qui laissaient tant à désirer sous le rapport de la construction et surtout de la précision.

C'est alors que l'on fit les engrenages à plus petits pas, mais encore à trop grands pas pour qu'ils puissent être conservés à l'époque où nous sommes; d'ailleurs, la division de ces premiers engrenages était généralement vicieuse; nous en devons le perfectionnement à MM. Feray et Cie, à M. Cartier et autres qui, les premiers, ont eu en leur possession la machine à diviser et à découper les engrenages avec toute la précision désirable.

Au moyen de cette succession de machines à diviser, nous avons donc vu tomber successivement les tristes organes mécaniques qui existaient dans nos moulins. L'usure des dents et fuseaux était considérable par le croisement et le frottement excessifs qu'ils éprouvaient, ce qui obligeait l'usinier d'avoir toujours un certain nombre de dents et de fuseaux et même de lanternes de rechange.

C'est pendant que s'opéraient tous ces divers changements que la science mécanique se fit jour et fut mise en pratique, et, huit à dix ans après, les moulins furent appelés à recevoir des organes nouveaux, lourdement montés d'abord, il est vrai, parce qu'alors on ignorait la résistance de la matière et le peu d'élasticité de la fonte.

La fonte d'alors était en général une fusion de mine ; tandis qu'aujourd'hui toutes les fontes dont on fait les engrenages et autres pièces de machines, proviennent de plusieurs fusions et sont souvent mélangées de parcelles de fer.

Moulins à vent.

Nous ne dirons rien des moulins à vent, dont le système a peu changé.

Cependant nous devons noter qu'ils sont venus en même temps que les moulins hydrauliques, et que peut-être ils les ont précédés. Au retour des Croisades, ils furent importés en Europe des régions brûlées et arides de l'Orient, et ils furent propagés partout où les chutes d'eau manquaient.

Nous nous bornerons à décrire en peu de mots celui que nous vîmes, vers 1820, près de Brezolles (Eure-et-Loir), et qui était nouvellement construit.

Ce moulin différait essentiellement des autres par sa nouvelle forme et la complication de son mécanisme ; il était très-ingénieusement disposé et contenait plusieurs paires de meules à farine et une batterie de trèfle.

Il était bâti en maçonnerie sous la forme de deux tours superposées dont la partie basse était plus grosse que celle en élévation. La partie inférieure n'allait que jusqu'à la hauteur de la base du premier étage, avec voûte dessus, et la partie supérieure était élevée au-dessus d'environ douze mètres ; celle-ci, bâtie avec inclinaison sur le centre, portait la toiture et les ailes ; la première partie de la tour formait à son sommet galerie bordée d'une balustrade, sur laquelle galerie les ailes passaient dans leur course rotative.

La volée, qui nous a paru avoir vingt mètres, était montée sur croisillon et arbre en fer ; les engrenages étaient en fonte parfaitement établis par un mécanicien anglais dont le nom nous échappe ; ce mécanicien avait appliqué là le système américain au complet.

Chaque jeu de meules était pourvu d'un régulateur sensible à effet centrifuge agissant sur la trempure, et régularisant par cela même la mouture selon les mouvements accidentés du vent.

Ce moulin contenait des blutoirs métalliques de même forme que nos bluteries.

Des blutoirs de ce genre furent établis dans plusieurs moulins hydrauliques; mais ils présentaient des inconvénients qui les firent supprimer, pour y subsistuer les bluteries couvertes de soie qui n'ont cessé d'exister jusqu'à ce jour.

Les régulateurs de meules, dont nous venons de parler, n'ont pas eu de succès; ils ont été employés à régulariser aussi les vannes motrices, et bientôt après on a été dans l'obligation d'y renoncer.

Par suite de l'emploi de ces agents, on a reconnu qu'on leur avait attribué un mérite qui ne leur appartenait pas et qu'ils ne pouvaient posséder, celui de régulariser par le seul moyen de l'articulation; ils ne pouvaient non plus remplacer dans certains cas le garde-moulin qui a, de plus que le régulateur métallique, tout à la fois la sensibilité des organes humains, la vue, le toucher, la volonté et la possibilité de remédier aux *inconvénients* et incidents qui se présentent.

Cet agent mécanique privé de sens et d'intelligence agissait quand même et toujours dans le sens du plus ou moins de vitesse ; ainsi lorsqu'une meule était engorgée de marchandise et causait du retard, le régulateur de la vanne, agissant sous l'influence de ce retard, grandissait l'orifice : il s'ensuivait une force plus énergique, à la fois nuisible et contraire à ce qui devait avoir lieu. C'est absolument le cas d'une meule engorgée mue par la vapeur, dont le régulateur ouvre le robinet pour donner plus d'impulsion au piston, quand le retard vient d'une tout autre cause que celle du défaut de vapeur; il s'ensuit que le remède apporté est pire que le mal.

Pour terminer ce que nous avons à dire du majestueux moulin à vent situé près de Brezolles il était tellement bien agencé, qu'il se tournait au vent lui-même et sans le secours de qui que ce fût; couverture et volée se tournaient au fur et à mesure que le vent se déplaçait pour changer de direction, et cela, au moyen d'une petite volée en planches située derrière la toiture, du côté opposé aux grandes ailes. Cette petite volée se mettait en mouvement, soit à droite soit à gauche, de manière à faire mouvoir une vis sans fin qui courait autour d'une roue dentée en fonte occupant la partie supérieure en même temps que le parement extérieur de la tour. Ce moulin, pour l'époque, était assurément un chef-d'œuvre de mécanique.

Nettoyage Gravier.

Nous revenons aux moulins hydrauliques dans lesquels se sont introduites successivement de nouvelles pièces.

M. Gravier, de Villeneuve-sous-Dammartin (Seine-et-Marne), a fourni son contingent d'appareils à nettoyer le blé, et cela à partir de 1815 *environ*.

Le nettoyage qu'il introduisit était composé d'un tarare batteur et ventilateur, d'un cylindre à râpe horizontale, d'un cylindre diviseur et d'un émotteur saccadé surmonté d'une trémie.

Ces appareils de nettoyage, ainsi composés, sont venus jouer un grand rôle dans les moulins; les premiers ont été mis à Saint-Denis, chez

M. Benoît, et sur la Nonette, près Senlis. La vitesse des tarares était de 165 à 190 révolutions par minute.

Les tarares étaient au nombre de deux pour les moulins ayant plusieurs jeux de meules ; l'un de ces tarares était à deux volées et l'autre à trois, dont une ventilante et deux à râpe. La volée à vent était commandée par engrenages et les autres par poulies et courroies.

Les deux tarares étaient placés l'un au-dessus de l'autre, à deux étages différents et s'entr'envoyaient le blé ; ils étaient mis en mouvement par un arbre vertical en fer carré tournant sur crapaudine et dans des coussinets en bois. Cet arbre recevait le mouvement de l'arbre vertical principal par des engrenages et un arbre horizontal aussi en fer carré ; à la jonction des arbres était un manchon carré en fonte.

L'arbre vertical appelé à donner le mouvement aux deux tarares portait deux engrenages en fonte, à dents de bois, agissant sur deux pignons à dents de fonte placés sur les volées à air.

En même temps que ces objets venaient prendre

place dans les moulins, les anciennes machines, leurs cordes et chaînes, étaient complétement abandonnées.

M. Gravier avait alors tout prévu; car il ne suffisait pas d'apporter de nouveaux appareils, il fallait encore leur donner un mouvement convenable, et en rapport avec leur bonne confection. Ces objets, pour l'époque ne laissaient rien à désirer, tant sous le rapport du bon effet qu'ils produisaient dans le nettoyage du grain, que sous le rapport de leur solidité et de leur propriété : tous les appareils étaient peints à l'huile, les fers et fontes en noir au vernis, et les dentures passées à l'huile teintée d'un peu de rouge de Prusse. Le tout était bien fait et fonctionnait parfaitement.

M. Gravier conçut donc un nouveau mouvement que l'on nomma moteur des machines; il mit sur l'arbre de la roue hydraulique, derrière le grand rouet, un tout petit rouet en bois denté en bois, et, sur un arbre vertical s'élevant au sommet du moulin, un pignon à dents de fonte; il fit de cela un agent spécial pour toutes les machines de son invention, et il l'étendit ensuite, au moyen d'arbres horizontaux, aux bluteries et accessoires.

Bientôt M. Gravier fut imité par plusieurs mécaniciens qui propagèrent les tarares et cylindres commandés par un même agent moteur, soit en bois, soit en fonte ; de sorte qu'il n'y eut plus un moulin à blanc qui n'eut son nettoyage assez complet en plusieurs machines de ce genre.

M. Gravier fit aussi des sasseries mécaniques, afin d'opérer le triage des gruaux et d'en extraire les rougeurs.

Tous les mécaniciens firent aussi de ces sasseries à gruaux.

Tous les arbres en fer de cette époque étaient carrés et reliés par des manchons carrés en fonte, que l'on serrait avec des serres plates.

C'était de l'arbre vertical placé le long du mur de tempane, et commandé par le petit rouet-moteur, que partaient les différentes lignes d'arbres horizontaux, aussi en fer carré, se communiquant le mouvement par des engrenages en fonte, portant des dents en bois agissant sur des dents en fonte, lesquels engrenages ayant au centre un trou carré se fixant sur l'arbre au moyen de quatre clés carrées à tête saillante.

De son côté, M. Cartier apporta aussi de nouveaux appareils de nettoyage ; le besoin se faisant sentir de plus en plus de bien épurer le grain destiné à produire la farine, qui est un de nos premiers aliments.

M. Cartier a établi des batteurs d'un autre genre que ceux de M. Gravier ; quatre ou cinq volées à râpe étaient superposées, ayant ou des ailes garnies de tôle piquée ou des rouleaux couverts de même tôle, tournant à grande vitesse, et râpant l'écorce du blé introduit dans l'appareil. Ces batteurs étaient tous montés sur un même bâtis en fonte, composé de deux montants portant des coussinets en bronze, et au bas était un ventilateur garni d'un tambour en bois et tôle, lequel ventilateur disposé de manière à chasser tout ce qui se détachait du grain.

Il fit aussi des cylindres cribleurs et diviseurs, les uns couverts de fil de fer et les autres de cuivre découpé : on ne pouvait encore facilement découper la tôle.

M. Cartier fut appelé aussi à monter des moulins entiers et il devint habile constructeur.

M. Corrège eut aussi son époque; ses appareils de nettoyage avaient beaucoup d'analogie avec ceux de M. Niceville, de Metz.

Chacun enfin mettait ses talents en œuvre pour donner aux moulins toutes les améliorations dont le besoin se faisait sentir.

Il fut aussi établi dans quelques usines des tire-sacs à friction; nous pensons que M. Gravier en était l'auteur; il s'agissait de deux engrenages en fonte dont les dents rapportées étaient en bois blanc, collées l'une à l'autre sans intervalle, de sorte qu'au lieu de former des dents s'engrenant l'une dans l'autre, la denture de chaque engrenage formait une jante conique que l'on pressait sur la jante de l'autre au moyen d'une bascule; et le treuil du tire-sac, établi sur l'un des arbres desdits deux engrenages à friction, obéissait au mouvement par friction et enveloppait la corde du tire-sac.

Blutage à Chaud.

Avant le changement de système de blutage apporté dans les moulins, le blé moulu sortant

, des meules à une température d'environ 10 degrés tombait directement dans un bluteau saccadé composé d'un tissu en laine que l'on nommait étamine, à travers lequel tissu passait d'abord la farine proprement dite ; et par la position inclinée du bluteau, le surplus était dirigé vers l'extré-trémité inférieure et de là s'introduisait dans un second bluteau, également saccadé, que l'on nommait dodinage ; ce dernier était composé d'un semblable tissu plus ouvert et de kintin, à travers lesquels tissus passaient les gruaux blancs et bis, et tout le surplus allait tomber au bout du dodinage dans un trou pratiqué dans le sol que l'on appelait sonnier, attendu qu'il recevait les sons.

Ces deux bluteaux étaient superposés et placés dans un même coffre, nommé huche, ayant deux planchers, dont un entre les deux bluteaux, et l'autre dessus. C'est sur le premier plancher que la farine du bluteau supérieur venait se déposer pour être mise en sacs ; on la tirait par deux orifices pratiqués dans le devant du coffre.

Les gruaux sortant du dodinage tombaient sur

le sol planchéié ou dallé, d'où ils étaient tirés au moyen d'une pelle et mis en sacs.

Le coffre à bluteau n'était autre chose que la huche du moulin.

Cette huche était composée de boiseries, couverte et close en quatre sens, le devant laissant deux grands vides occupés par deux rideaux en toile ou en coutil rayé.

Chaque bluteau était à peu près de la forme d'un sac, fermé d'un bout et ouvert de l'autre. La tête fermée était garnie en peau et montée sur un palonnier en bois, aux extrémités duquel s'enchaînaient les accouples en fer au moyen desquelles le bluteau était tendu à volonté; le bout ouvert dudit bluteau, également garni en peau, était monté sur un cerceau en bois de soixante centimètres de diamètre environ, et plus tard sur un cerceau en fer.

Deux ouvertures étaient pratiquées dans les panneaux des deux bouts de la huche, pour *laisser-passer* les bluteaux tout garnis, et principalement pour recevoir leur embouchure à cerceau. Ces bluteaux étaient ainsi placés dans la huche avec pente observée et fortement tendue sur leur longueur, afin de mieux bluter, de mieux tamiser.

Ces bluteaux reçurent, de 1815 à 1280, l'amélioration que voici : le tissu en laine (étamine), fit place au tissu de soie, qui revint plus cher, mais qui facilita mieux le tamissage.

Lesdits bluteaux étaient tous deux agités chacun au moyen d'une baguette ronde, en bois de frêne ou d'orme, de la grosseur d'une grosse pince en fer, qui d'un bout était engagée dans plusieurs attaches en cuir cousues au bluteau, et de l'autre dans un babillard en bois placé debout à l'extérieur de la huche, lequel babillard ferré haut et bas, obéissait à un mouvement de va-et-vient saccadé et excessivement brutal qui était imprimé au babillard au moyen d'une batte en bois engagée dedans et tendue horizontalement; cette batte recevait à leur passage le choc de chacun des quatre bras d'une croisée en bois placée sur le fer des meules, et entraînée par son mouvement de rotation à la vitesse de soixante-dix ou quinze tours par minute; de sorte que la batte tendue faisant agir le babillard et par conséquent les bluteaux, recevait des quatre bras de la croisée trois cents coups à la minute.

Il y avait donc pour deux bluteaux composant tout l'appareil du blutage une huche, deux babillards, deux baguettes à bluteau et deux battes frappant sans cesse sur la croisée.

C'étaient donc la croisée d'une part, et d'autre part les deux battes frappant dessus, qui produisaient le tic-tac ou pour mieux dire, l'infernal tintamarre du moulin d'alors.

Que le moulin fût destiné aux petits sacs ou à la mouture du commerce, c'était toujours le même blutage faisant toujours le même bruit.

Tel était alors le seul moyen employé pour séparer les issues des farines.

Et, comme nous l'avons déjà dit, une petite bluterie à diviser les sons était agencée de manière à opérer la séparation des issues.

Une fois la mouture du blé faite, la mouture des gruaux avait lieu de la même manière, ainsi que le blutage d'où ressortaient ces gruaux.

QUATRIÈME SECTION

Moulins de notre époque.

Vers 1830, une révolution s'opéra dans les moulins du rayon d'approvisionnement de Paris.

C'est alors que la meunerie fit un pas gigantesque ; c'est à partir de ce moment que chacun, selon ses ressources pécuniaires, a voulu améliorer son commerce et son usine, sous le rapport de l'élévation et de la propreté, avec de nouveaux goûts et un genre mécanique digne de notre siècle.

C'est vers 1830, que s'éleva de six étages, grenier compris, le beau moulin de Vaux, situé sur la Juine, et sur la ligne séparative des deux communes d'Auvers et d'Étrechy, près Etampes (Seine-et-Oise).

La construction du bâtiment du moulin fut combinée par un architecte de Paris, de concert avec MM. Feray et Cie ; auteurs des organes mécaniques, ayant alors chez eux, comme directeur des travaux de ce genre, M. Heastow, habile mécanicien.

Le bâtiment renferme deux systèmes complets, c'est-à-dire, deux moulins distincts. Il fut disposé de manière à recevoir à son milieu une simple séparation pour permettre deux locations séparées.

Pour répondre aux besoins des deux locations, il fut fait deux habitations et deux entrées de cours.

L'une des habitations fut pratiquée dans un ancien bâtiment de la dépendance; l'autre fut édifiée à neuf et consiste en un pavillon carré recevant l'air et le jour de tous côtés.

Ce moulin est monté à l'américaine, à triple harnais, sur beffroi en fonte élevé sur parpaing circulaire, en pierre de taille, à l'extérieur duquel se meut un récipient circulaire, recevant la boulange des meules au moyen de conduits en bois cascadés intérieurement; de là, la boulange est dirigée sur un élévateur la portant au sommet du bâtiment, dans un râteau refroidisseur, d'où elle ressort à la partie inférieure, passant par un distributeur agité qui la verse rationnellement, à volonté et selon les besoins, dans les premières bluteries placées en pente et disposées pour tamiser la farine. De là les gruaux et les sons divers atteignent l'extrémité inférieure des premières bluteries et tombent dans une seconde bluterie, également en pente, et, comme les premières, couverte de soie d'un degré plus gros laissant passer à travers son tissu les gruaux de diverses nuances ; et ensuite les issues conduites aussi à l'extrémité de cette seconde bluterie, s'introduisant mécaniquement dans une troisième qui a pour effet la division des sons en cinq ou six qualités différentes : nous pouvons dire qualités, car quoique toutes les parcelles de l'écorce sortent du blé, elles n'ont pas toutes la même valeur ; elles diffèrent entre elles par cela qu'elles sont plus ou moins adhérentes à l'amande du blé, et qu'elles contiennent plus ou moins de matière nutritive.

A toutes ces bluteries se rattachent naturellement tous leurs accessoires d'une part, et d'autre part, leur mouvement et leur communication de mouvement partant du centre et pris sur l'arbre vertical à pivot par bas, qui s'élève jusque près du sommet de l'usine, donnant en passant à chaque étage, au moyen d'engrenages d'angles, la vie active à plusieurs lignes d'arbres horizontaux, tournant sur des coussinets adhérents à des chaises en fonte et en fer; au sommet dudit arbre vertical est placé le tire-sac, dont le mouvement ascensionnel s'opère par la tension d'une courroie sur deux poulies en fonte, et les sacs sont élevés comme par enchantement, quel que soit l'endroit du moulin où ils sont pris, soit sur le sol du moulin, soit dans les voitures en décharge à l'extérieur de l'usine.

Tout cela se fait d'une manière active, facile, ingénieuse, admirable, et en même temps cela épargne aux employés du moulin la peine de jamais porter un sac à dos, comme cela se pratiquait encore assez communément dans les usines manquant d'élévation et surtout de planchers superposés.

A côté des bluteries dont nous venons de parler, dans des chambres séparées et bien closes, il existe un nettoyage composé d'une énorme trémie à blé, plusieurs émotteurs et cribles, plusieurs cylindres verticaux à râpe, accompagnés de ventilateurs éloignant poussière et paille, et chassant en même temps les grains imparfaits et plus légers que les autres ; ensuite plusieurs cylindres cribleurs et diviseurs, le tout propre à apurer le grain destiné à la mouture et à la composition des bonnes farines, que fit si intelligemment dans ce moulin M. T..., lesquelles farines lui ont confirmé la réputation déjà bien méritée qu'il avait acquise dans plusieurs moulins d'Étampes.

A la suite du moulin de Vaux, cité comme un des premiers et des plus beaux, s'élevèrent ceux de Pierrebrou, de Bouray, du Gué, de l'Épine et de tant d'autres, auxquels les premiers servirent de modèles.

Avant celui de Vaux, le moulin de la commune de Pierre, près Maintenon, avait été édifié par M. Claye, son propriétaire ; peut-être encore d'autres constructions de ce genre avaient eu lieu précédemment ou en même temps que celles que nous citons ici.

Après de semblables exemples du beau et du bien, et où l'utile et l'agréable sont réunis, chacun a voulu, sinon réédifier son usine, au moins la modifier convenablement et la mettre en rapport avec ses besoins d'une part, et d'autre part avec ses moyens pécuniaires.

Du blutage à froid.

Il fut reconnu par la meunerie que le blutage de la boulange se faisait mieux et avec plus d'avantages à froid qu'autrement.

C'est alors que MM. Feray et Cartier, les premiers, avisèrent au moyen de bluter à froid.

Pour satisfaire à ce besoin, il fut établi de nouvelles huches en belle et bonne menuiserie peinte, ayant de beaux rideaux en coutil; ces huches, comme les anciennes, de 2^m,30 de longueur environ, portaient intérieurement deux bluteaux en tissu de soie garnis, comme les précédents, de peau et de cuir, ayant les mêmes moyens de tension et le même mouvement saccadé produit par des babillards en fonte, dont les battes en bois frappaient sur une belle croisée en fonte, montée sur un arbre en fer rond tourné, auquel le mouvement venait, par poulies et courroie, de l'arbre vertical principal passant par l'étage où était placé le système de blutage.

Cet appareil fut placé dans un des étages du moulin, et non pas au rez-de-chaussée, comme l'était ordinairement l'ancien blutage à chaud.

Quelques mécaniciens ont cru devoir modifier le mouvement bruyant du blutage en adaptant en tête des bluteaux un mouvement excentrique, afin de leur donner le même mouvement saccadé par un va-et-vient sans bruit. Effectivement, ce mouvement, semblable à celui d'une pompe horizontale dont le piston est agité par un excentrique, ne produisait aucun bruit.

Le bruit étourdissant des babillards disparut donc des moulins par l'emploi de ce nouveau mouvement.

Les choses ainsi modifiées, il restait à résoudre la question de savoir si ce nouveau moyen de blutage offrait ou non des avantages. Les personnes qui en avaient usé répondirent dans le sens de l'affirmative, mais que les divers moyens employés pour agiter les bluteaux étaient à la fois détestables et onéreux, déchirant les bluteaux à chaque instant.

Tous ces mouvements saccadés, quoique modifiés et devenus réguliers, avaient l'inconvénient de rompre les bluteaux en soie, revenant alors très-chers, et de les mettre souvent hors de service en peu de temps.

Blutage actuel.

Après tous les inconvénients dont nous venons de rendre compte, et afin d'y obvier, on avisa à l'emploi des bluteries dont, depuis ce moment, on n'a cessé de faire usage, et nous ne pensons pas qu'aucun meunier ait eu à s'en plaindre.

La bluterie ne fit pas l'objet d'une invention, puisque déjà, dans beaucoup de moulins destinés au commerce, il en existait une à diviser les sons.

Cette bluterie ronde de l'époque rendait déjà des services qu'on ne pouvait attendre des bluteaux, fussent-ils en soie, fussent-ils en tissu d'or.

L'idée vint de faire la bluterie à tamiser la farine, à huit et à six pans, et sur les tringles de laquelle on mit de la soie de plusieurs numéros, de sorte que la farine peut passer en tête et les gruaux un peu plus loin.

Les bluteries, telles que nous les voyons aujourd'hui, s'établirent par quelques-uns d'abord, et ensuite par un grand nombre de mécaniciens.

Les premiers qui s'y livrèrent rendirent un service éminent à la meunerie ; ce service fut d'autant plus grand que le nouveau système de mouture le réclamait impérieusement.

Les bons effets que produisirent les bluteries rendirent inévitable l'abolition complète et immédiate des divers blutages à froid et à chaud, par bluteaux.

La suppression des bluteaux eut lieu également dans les moulins à petits sacs, dans lesquels on avait continué pendant longtemps encore le blutage à chaud.

Mais on se servit de petites bluteries couvertes de soies, introduites dans la huche des bluteaux supprimés, et tournant par le simple moyen de poulies et courroies, dont le mouvement venait de l'arbre des meules.

Plus tard, toujours dans les mêmes moulins à petits sacs, on reconnut aussi l'inconvénient de bluter à chaud, et celui d'avoir conservé la huche au rez-de-chaussée; il s'opéra donc le changement qui suit:

Le blutage, comme il vient d'être décrit avec de petites bluteries tournantes, fut porté au premier étage. Il fut là généralement plus sainement placé; et pour parvenir à son alimentation, il fut établi du rez-de-chaussée au premier étage, un élévateur (chaîne à godets) recevant en bas la boulange des meules, et la portant au-dessus de la bluterie supérieure; c'est dans le trajet à parcourir que la boulange se refroidit, et le blutage s'en fit mieux. Il résulta de ces changements opérés un avantage incontestable et pour le meunier et pour le consommateur.

Des meules.

Les premières meules adoptées dans les nouvelles usines sus-décrites avaient environ 1 mètre 30 de diamètre ; ce sont ces meules qui, les premières, ont été composées de petits carreaux joints et scellés les uns à côté des autres, ayant en moyenne 16 à 18 centimètres d'épaisseur, chargés en petites pierres et plâtre, de manière à donner aux meules du poids et une épaisseur régulière de 27 centimètres.

Ces meules étaient rayonnées comme elles le sont aujourd'hui et cerclées de même; l'un des cercles étant fort et bon et les deux autres en tôle. Celui de dessus, assez large, a pour but de tenir toute la charge rapportée, et l'autre, petit, placé sur la pierre même, près de la surface moulante, sert à consolider les morceaux et à préserver l'arête de la meule.

Ces meules étaient faites de pierre compacte, comme jamais il n'était venu à l'idée d'un de nos meuniers d'en employer.

Cette qualité de pierre, devenant unie et lisse comme du marbre par l'effet du frottement des meules, dans le travail de la mouture du grain, il fallait rhabiller souvent les meules, et malgré ce soin, elles portaient peu de marchandise en litière, et il fallait beaucoup de pression pour en obtenir la mouture.

Les meules ainsi pleines, n'ayant que de très-petites éveillures trop peu prononcées et presque insignifiantes, tournant avec toute la force dont elles étaient susceptibles, moulaient 40 kilog. de blé à l'heure, ce qui correspond à 4 sacs, moins 4 kilog., de farine blanche par journée de 24 heures.

Certains propriétaires ont employé des meules encore un peu plus petites et aussi compactes ; le résultat de la mouture fut à peu près le même, seulement ces meules rendaient moins de boulange à l'heure.

La qualité de la mouture obtenue par les meules pleines n'ayant que 1 mètre 30 de diamètre, laissait à désirer ; celle donnée par les meules encore plus petites était encore moins bonne au pétrin.

Les nouveaux moulins se montèrent donc tous de meules de 1 mètre 30 environ, en pierre pleine. Les choses généralisées sur ces bases durèrent plusieurs années.

La pratique démontra que le système de meules petites de diamètre, et en pierre trop compacte ne satisfaisait pas les besoins de la mouture bien raisonnée.

De là, découla tout naturellement la nécessité de faire l'emploi de meules plus grandes et surtout moins compactes.

On fit alors l'essai de meules de 1 mètre 50, en pierre un peu plus poreuse, et l'on s'en trouva mieux pour la mouture du blé et mieux encore pour celle des gruaux, ayant eu soin, pour cet usage particulier, de prendre des meules composées de pierres encore plus éveillées que celles destinées à la mouture du blé.

De ces meules construites de la même manière que celles de 1 mètre 30 et moins compactes, on obtient une meilleure mouture, faite avec moins de pression, plus abondante, et dont la moyenne put s'établir à 55 kilog. de blé à l'heure.

EXEMPLE :

55 kil. de blé à l'heure, blutés à 65 pour 100 de farine blanche, donnent en farine par heure. . . 35^k,750^g
Et par 24 heures. . . . . 858^k,000^g
Qui, divisés par 157^k, qui est le poids d'un sac, donnent. . . . . 5^s,73^k

de farine blanche; et de toutes farines blutées, à 75 pour 100. . . . . 6^s,55^k

Ce qui porte chaque paire de meules, prenant pour base 300 jours de travail, à 1 905 sacs de farines de toutes sortes par année.

A ces règles comme à toutes autres, il y a évidemment des exceptions.

Certaines meules de 1 mètre 50 donneront un rendement de 6 sacs et plus par 24 heures.

Certaines autres de 1 mètre 60 donneront à peine 6 sacs, dans le même espace de temps.

Ces différences viennent particulièrement de la nature des pierres, prises toutes dans le même état de moulage, entretenues de la même manière et par les mêmes mains.

Ainsi, un jeu de meules fait plus ou moins d'ouvrage que l'autre, et il le fait plus ou moins bien.

La quantité moulue est due à l'état dans lequel se trouvent les meules, selon qu'elles sont fatiguées ou fraîchement rhabillées; selon qu'elles sont vives, neuves ou vieilles; selon que la pierre est plus ou moins lisse, quelquefois brûlée; selon que le blé est dur ou tendre, que la mouture est plus ou moins complétement affleurée. La quantité moulue peut varier dans la proportion de 45 à 65 kilog. à l'heure, par les meules de 1 mètre 50 tournant à 110 tours à la minute.

Ainsi qu'il est dit plus haut, les différences tiennent à la qualité de la pierre, à la bonne mise en moulage, au bon entretien des meules, à la manière de les rhabiller, et encore autant et plus à la bonne harmonie qui existe entre les deux meules qui composent le jeu ; l'expérience que nous avons acquise nous-même en douze années d'exploitation de plusieurs moulins successifs, nous a démontré que la moyenne peut être de 55 kilog. par heure.

Suivant l'exemple qui précède, un moulin tournant régulièrement à 4 paires de meules donnerait 7 620 sacs de toutes farines par chaque année de 300 jours de travail, et moudrait par conséquent 21 000 hectolitres 15 kilog. de blé, réglés à 75 kilog. net, soit 14 066 sacs d'un hectolitre et demi.

Nous passerons sous silence les divers prix de location que peut valoir une usine de ce genre, ces prix varient suivant les localités dans lesquelles sont situées les usines; ils peuvent différer entre eux dans une proportion prodigieuse, incroyable.

Si nous supposons un moulin situé dans un pays à blé, et dans l'endroit même du marché, où par conséquent le meunier puisse se rendre sans frais et sans déplacement; surtout si à ce marché, il se vend beaucoup de blé, s'il s'y trouve beaucoup d'acquéreurs, et si tous les blés qui s'y achètent se livrent au moulin, le prix de location atteindra certainement 15 000 francs.

Tandis que, dans l'hypothèse où ledit moulin se trouverait loin des marchés, hors de la route directe qui y conduit, et à 8 kilomètres seulement d'un chemin de fer, le meunier étant dans l'obligation d'aller à plusieurs marchés la semaine, ce même moulin vaudrait à peine cinq mille francs, pour ne pas dire quatre.

Les différences sont tellement grandes qu'elles ne s'expliquent que par l'habitude des choses, par la pratique.

Aussi trouve-t-on des localités où les moulins se louent facilement et d'autres où il faut aider le meunier, et où il faut faire des sacrifices pour trouver un locataire.

Tous les moulins ne sont donc pas placés de manière à présenter les mêmes avantages, quoique étant montés de la même manière. Pour s'en convaincre, il suffit de faire la comparaison de deux moulins situés sur deux points différents l'un de l'autre à deux fermes situées, l'une à la porte de Paris, et l'autre par exemple en Sologne; quoique le sol soit de même qualité et l'exploitation de la même étendue, les résultats diffèrent de beaucoup.

Tous les meuniers ne peuvent habiter la même localité. Il en est de même des cultivateurs : les uns se portent sur un lieu de production et les autres sur d'autres lieux. Ce qu'il est bon d'observer, dans maintes circonstances, c'est qu'on ne peut agir dans un lieu indistinctement comme dans un autre ; la position d'un moulin comme le sol de la ferme nous obligent souvent à épouser des habitudes qui ne sont pas de notre goût, et auxquelles il faut se soumettre sous peine de voir décroître sa fortune et le plus souvent son faible avoir.

Des expertises relatives aux moulins.

Les moulins à farine sont aujourd'hui en France en nombre considérable, notamment dans le rayon d'approvisionnement de la capitale.

Il s'y opère souvent des changements notables, qui donnent lieu à des expertises; il y a aussi de ces changements qui, sans être considérables, soulèvent des questions d'intérêts qui ne peuvent se résoudre que par l'effet d'une expertise ou d'un arbitrage.

Il y a des expertises provoquées par le changement de locataire.

Il en est d'autres nécessitées par des travaux mécaniques ou autres, exécutés pour le compte des locataires qui veulent suivre l'impulsion des progrès, ou pour le compte des propriétaires qui veulent modifier leurs moulins dans la même intention.

Dans les expertises il y a, indépendamment des lois, diverses règles ou usages à observer qui jusqu'à présent, n'ont été mis à jour par aucun homme compétent.

Jusqu'en 1820 les moulins ont été négligés dans leur ensemble, mécanisme, mode de mouture et mode de construction des bâtiments.

Les experts de cette époque étaient plus particulièrement des charpentiers, qui, en même temps, étaient employés comme tenant lieu de mécaniciens, ainsi que nous l'avons déjà dit dans l'exposé de la composition des moulins.

Ces charpentiers, communément peu avancés dans l'hydraulique et dans la mécanique, ne l'étaient pas plus dans la profession d'expert.

Sans principes, sans théorie, presque tous donnaient à chaque partie du mécanisme des noms différents; et ils avaient à l'égard de chaque objet des idées différentes; ils prenaient toujours pour bases ce qu'ils avaient vu faire par leurs pères ou par leurs patrons, et répétaient en général ce qu'ils tenaient d'eux comme mécanique routinière.

Les experts, disons-nous, étaient des hommes routiniers, faisant assurément de leur mieux et possédant l'habitude des expertises qu'ils étaient appelés à faire, habitude guidée, du reste, par le bon sens, par le génie naturel: éléments qui sont loin d'être à dédaigner, en ce sens qu'on y remarque souvent de la sévérité, un esprit de justice, d'impartialité.

En 1825 s'est ouverte une ère nouvelle pour les usines à farine.

Des hommes théoriques et pratiques sont apparus et ont donné un essor digne du siècle au mécanisme en même temps qu'à la mouture.

A la même époque, nous sommes venu habiter le rayon de Paris, où les constructions d'usines commençaient à se faire sur de nouveaux plans et modèles; après nous être occupé de mécanique pendant huit ans, et ensuite de nos études pratiques, nous nous sommes livré spécialement aux expertises.

Bientôt notre nom se répandit; nous vîmes s'accroître notre clientèle : en quelques années elle devint assez considérable, et nous lui répondons toujours avec le même succès.

Les premiers changements importants survenus dans ce genre d'usines ont engendré, tant entre les locataires se succédant, qu'entre les propriétaires et locataires sortant, une multitude de difficultés, parfois portées devant les tribunaux, lesquels, avant de faire droit, avant de se prononcer, avaient besoin de faire appel aux lumières d'hommes compétents.

De ces changements et modifications il est résulté plus fréquemment des expertises, des arbitrages.

Les prisées sont devenues plus importantes, plus compliquées et souvent composées de vieux objets conservés, employés en même temps que les nouveaux, et quelquefois faisant double emploi avec ceux-ci par cela même qu'ils atteignaient le même but.

Lors des changements que nous venons de signaler, et par suite des difficultés qu'ils ont suscitées, nos anciens experts routiniers furent désappointés en ce qu'il n'y avait plus là, comme par le passé, la simple mission d'expert à remplir ; il n'y avait plus la simple question d'appréciation de valeur à donner aux objets de la prisée, mais bien la question complexe du droit et de l'équité à résoudre ; et pour répondre à ces nouveaux besoins, il fallait des connaissances spéciales et des lumières qu'ils ne possédaient pas. Presque tous cependant continuèrent d'exercer pendant encore un certain nombre d'années ; mais, fatigués d'être mis à chaque instant en demeure de faire une réponse nette et catégorique, à propos des nouveaux objets confusément placés dans les usines avec les vieux, ce qui rendait leur mission difficile, attendu que ces objets inconnus d'eux et compliqués à l'infini exigeaient pour leur estimation et leur description d'autres lumières, de nouvelles connaissances théoriques et pratiques; fatigués, disons-nous, et découragés, les plus sages ont cessé la profession d'expert en moulins à farine, et plus tard les autres sont tombés d'eux-mêmes, parce qu'il ne leur était plus possible de mener à bonne fin leurs opérations, de même que les clients ne pouvaient plus sans risque confier leurs intérêts à de tels experts.

Des connaissances indispensables aux experts.

Il s'agissait donc pour nous d'exercer d'une manière plus sérieuse cette profession d'expert, et d'arbitre au besoin, selon les circonstances, ce qui nous fut facile, ayant fabriqué nous-même pendant plusieurs années de semblables objets et machines. Ayant en outre suivi de près toutes les modifications apportées dans les plus importantes usines et traversé toutes les différentes phases de la progression, il nous fut aisé d'embrasser complétement cette partie, d'autant mieux que nous étions initié aux affaires concernant les constructions de travaux hydrauliques et de bâtiments d'usines et d'habitations.

Aussi, combien de fois n'avons-nous pas été appelé à donner notre avis sur les diverses questions à résoudre? comme aussi nous avons, par la force des choses, été appelé à établir de nouvelles bases, de nouveaux modes, de nouvelles règles provisoires (la loi faisant défaut, complétement défaut à l'égard de ces sortes de besoins), et cela tant pour ce qui était relatif aux divers objets vieux et nouveaux portés ensemble dans les prisées, que pour ce qui touchait les intérêts des experts et des personnes qui les employaient; nous avons eu encore à établir les bases relatives aux honoraires qui pouvaient être alloués aux experts dans les nouvelles expertises, comparativement à ceux qui étaient accordés sous ce vieux système dont la nature était complétement changée.

A la première question agitée, relativement aux honoraires à accorder aux experts des machines du nouveau système, nous présentâmes de nouvelles bases aux tribunaux chargés de juger ces questions, notamment au tribunal d'Étampes, lieu de notre résidence d'alors.

Ces bases furent reconnues rationnelles, judicieuses; elles furent acceptées et adoptées comme devant servir de règles pour l'avenir; ce sont ces mêmes bases qui nous ont servi jusqu'à présent, et ce sont elles qui ont toujours prévalu.

Nous avons aussi pensé qu'il était important pour l'homme susceptible d'être appelé à donner son avis sur quelques points litigieux, quelques questions à résoudre, mais ayant peu l'habitude de traiter cette sorte d'affaires, étant peu initié dans les lois; qu'il était, disons-nous, important pour lui d'avoir sous les yeux un livre contenant quelques notions qui pussent éclairer sa religion, et lui servir de guide dans la mission que son honneur et sa conscience l'obligent à remplir.

Des devoirs de l'expert.

Indépendamment des connaissances qui sont indispensables à l'expert, il faut encore, pour bien accomplir sa mission, pour bien remplir son mandat, que l'homme susceptible d'embrasser cette carrière soit d'un caractère décidé, qu'il ait le jugement sain et de plus toute sa liberté de conscience : autrement, les intéressés pourraient exercer sur lui une certaine pression destructive de ses opinions.

Il est du devoir de l'expert de ne jamais prendre à la lettre la confession que lui fait son commettant ; il doit toujours se tenir sur la réserve, attendu que la partie qui lui explique les faits relatifs à l'expertise et qui lui remet son mandat, le fait souvent avec une certaine crainte d'être lésée et en exagérant les choses dans le sens de ses intérêts.

Aussitôt qu'un expert s'aperçoit, dans la confession que lui fait son client, que les prétentions de celui-ci ne se renferment pas dans les limites de la sagesse et de la raison, il est de son devoir de lui conseiller de tenter un arrangement amiable, et au besoin de lui en poser les bases.

Nous disons que l'expert doit écouter attentivement les déclarations que lui fait son client ; à ces déclarations il doit avoir tel égard que de raison, et, quelle que soit la circonstance, s'abstenir de se prononcer pour ou contre.

La mission de l'expert est délicate : elle consiste à tout entendre, à tout observer, à tout juger avec soin, à se concerter ensuite, s'il y a lieu, avec son collègue, et à ne se prononcer qu'après avoir mûrement réfléchi ; car il est toujours fâcheux pour un expert d'avoir à revenir sur ce qu'il a pu avancer à son client. Souvent cela lui est très difficile ; et pour peu qu'il manque de tact, il se bute et ne veut démordre de ce qu'il a dit, quoiqu'il puisse y avoir lieu pour lui de s'en repentir : et que s'ensuit-il ? — Ou l'expertise n'est pas ce qu'elle devrait être, où l'on n'en sort qu'au moyen d'une tierce-expertise que l'on aurait pu éviter.

Beaucoup d'experts, surtout ceux qui ont précédé notre époque, une fois nantis du mandat de leur commettant, se croyaient dans l'obligation d'employer tous les moyens possibles pour favoriser les intérêts de leur mandant, même au détriment de la partie adverse.

Malheureusement, nous en rencontrons encore quelques-uns qui sont dans la même erreur et qui agissent de la même manière : il faut convenir que ceux-là n'ont jamais compris leur mission.

Qu'appelez-vous expert?

Un expert est un homme que l'on juge avoir les connaissances nécessaires pour apprécier la valeur de tel ou tel objet.

C'est l'homme auquel on demande l'avis quant à la valeur de telle chose.

Outre les formalités à remplir selon les circonstances, sa mission est d'examiner l'objet, de l'apprécier, de l'estimer s'il y a lieu, et de dire, sans avoir égard si cet objet appartient ou non à celui qui l'a commis : « En mon âme et conscience, cette chose, cet objet vaut tant. » Là se borne son mandat.

Quand deux experts sont appelés dans une affaire par deux parties ayant des intérêts opposés, pour donner leur avis sur la valeur d'un même objet ou d'une même chose, et qu'ils agissent tous deux avec le même esprit de justice, sans avoir égard à celui par qui chacun d'eux est commis, il est extrêmement rare que leurs estimations diffèrent entre elles de beaucoup, et dans ce cas la conciliation est facile. Tandis que, comme par le passé, si chaque expert épouse la position de son client et se croit rigoureusement tenu de ne rien faire de contraire aux intérêts, ni aux prétentions de celui-ci, il s'ensuit qu'entre les estimations des deux experts il existe souvent une différence énorme qui ne peut s'expliquer que par ce que nous venons de dire : parce que chaque expert a pris le chemin qui s'éloigne le plus de celui de la raison, de la justice et de l'équité.

Dans une telle circonstance, chaque expert déviant de la voie directe, il en résulte une distance inexplicable dont le rapprochement ne peut avoir lieu que par l'intervention d'un troisième expert.

Il est du devoir des deux premiers experts de travailler à ce rapprochement, afin d'éviter la tierce-expertise; car le troisième expert vient souvent faire ce que les premiers auraient pu faire eux-mêmes, s'ils eussent tous deux pris la voie la plus droite, celle qui nous est dictée par la conscience.

La tierce-expertise a souvent pour effet de mettre fin à l'affaire avec une augmentation de dépenses, sans souvent donner un résultat meilleur que celui que deux hommes sages auraient obtenu sans elle.

De l'arbitrage.

Beaucoup de personnes confondent l'expertise avec l'arbitrage, d'aucuns pensent que c'est une seule et même chose.

Nous croyons devoir donner à cet égard les explications nécessaires, de manière à établir la différence qui existe entre ces deux opérations.

Arbitrage signifie jugement par arbitres.

On entend par arbitre celui que choisissent des parties pour terminer leurs différends : il est maître absolu, il est juge.

L'arbitrage peut être ordonné par un tribunal,

de même qu'il peut être demandé et consenti par des parties dans un compromis sous signatures privées ; dans cette hypothèse, c'est l'arbitrage amiable.

L'expertise est l'opération faite par expert.

L'expert est l'homme versé dans un art qui s'apprend par l'expérience, par la pratique.

Nous commençons par traiter de l'expertise amiable : c'est celle dans laquelle deux personnes ayant des intérêts opposés, et qui sont divisées sur un ou plusieurs points, ont besoin d'être éclairées, d'être renseignées, soit sur la valeur, soit sur la qualité ou l'état dans lequel se trouve ou doit se trouver tel ou tel objet.

L'expert, comme nous l'avons dit dans l'exposé qui précède, est l'homme compétent auquel on demande son avis, quant à la valeur ou l'état d'une chose. Il donne, après examen fait, son avis en échange de son salaire, et tout est dit.

L'expert peut recevoir une mission plus compliquée et par conséquent plus délicate.

Il peut être chargé de procéder seul ou contradictoirement avec un autre expert ; il peut être autorisé à se prononcer sur quelques points litigieux, même à décider sur quelques questions. (Voir les Formules d'arbitrage, numéros 5, 6 et 7.)

L'arbitrage est autre chose.

L'arbitrage amiable peut avoir lieu par un ou par plusieurs arbitres, selon que les parties en conviennent ; il peut être simple ou compliqué, selon les circonstances et les besoins des parties intéressées.

L'arbitre est l'homme appelé à tenir lieu de juge ; c'est ordinairement à l'homme de bon sens, ayant le jugement sain, sans partialité, que l'on confère cette mission, mission excessivement délicate, qui exige une grande habitude dans les affaires, et, autant que possible, la connaissance des lois, règlements et usages ; car souvent il s'agit d'apprécier des choses, des faits importants, de résoudre des questions graves sous le rapport des intérêts des parties divisées.

Nous le répétons assez haut : la décision d'arbitres peut, ou non, compromettre des intérêts de la plus haute importance. Elle le ferait si elle était confiée à des hommes partiaux, ou manquant de lumières et de capacités ; surtout s'il s'agissait d'une sentence arbitrale à l'égard de laquelle les parties eussent déclaré renoncer à l'appel et au recours en cassation.

C'est, dans ce cas, un jugement définitif devant lequel les parties doivent s'incliner.

Les hommes appelés à remplir le rôle d'arbitres doivent être d'une impartialité, d'une intégrité bien reconnues, bien constatées; ils doivent être incorruptibles, indépendants, et avoir toute liberté de conscience; ils doivent agir avec un parfait esprit de justice, soit dans le sens du droit, soit dans le sens de l'équité, selon que la mission l'ordonne; et, dans tous les cas, ils doivent répondre catégoriquement à toutes les questions, à tous les points en litige qui leur sont soumis, comme le jury répond à la cour : « En notre âme et conscience, l'accusé est ou non coupable. »

Dans tout état de cause, l'arbitre peut, pour s'éclairer sur ce qui lui paraîtrait obscur, recueillir des renseignements où il croira pouvoir les puiser; il peut s'enquérir vis-à-vis de qui il jugera convenable, et aussi se faire aider de personnes compétentes au besoin, afin de ne rien négliger de ce qui aurait un certain intérêt dans la cause, pour bien résoudre et juger les questions.

Dans les affaires importantes, les parties constituent en tribunal arbitral les personnes dont elles ont fait choix; elles dressent un compromis dans lequel elles indiquent, d'une manière claire et précise, les points sur lesquels les arbitres auront à se prononcer; elles disent si les arbitres doivent juger selon les règles du droit ou suivant les règles de l'équité naturelle; si elles leur confèrent le droit de juger comme amiables compositeurs, si elles veulent que la décision des arbitres fasse leur loi, et, dans ce cas, elles déclarent renoncer à l'appel et au recours en cassation; elles font leur compromis en double, le datent et le signent.

L'arbitre habitué à ces sortes d'opérations se charge le plus souvent de la rédaction du compromis, à la suite duquel la sentence arbitrale est écrite.

Ainsi que nous le faisons remarquer, la différence entre l'expertise et l'arbitrage est grande.

6.

Il y a des hommes dont l'aptitude se prête à remplir l'une et l'autre mission.

L'aptitude est une disposition naturelle à une ou plusieurs choses, et particulièrement aux arts, aux sciences, à l'histoire, etc.

Nous croyons en avoir assez dit pour faire comprendre ce que c'est que l'expertise et l'arbitrage, et aussi pour faire connaître les circonstances dans lesquelles l'un ou l'autre doit être mis en pratique.

Nous continuons par la législation et les formules qui suivent, et par tout ce qu'il est indispensable de décrire, relativement aux expertises et arbitrages.

Dans la pensée que nous serons approuvé, nous venons confirmer le nom générique de prisée, si généralement répandu, aux expertises relatives à tous objets mécaniques, ainsi qu'à leurs accessoires et ustensiles composant ce que l'on nomme vulgairement l'ensemble de la prisée.

Récepteurs en général.

Tout le monde sait ce que c'est que le moteur et le récepteur d'une usine.

Les divers moteurs sont : l'eau, le vent, la vapeur, le cheval de trait, l'électricité et autres.

Les récepteurs sont les roues hydrauliques, les ailes du moulin à vent, le cylindre à vapeur, le manége à cheval, et l'appareil disposé pour recevoir l'action de l'électricité.

Nous ne croyons pas devoir nous étendre sur la description des divers récepteurs en usage.

Nous nous bornerons à dire que l'expérience a démontré que c'est, pour l'hydraulique, la roue à godets recevant l'eau à son sommet qui est le récepteur préférable, toutes les fois que la chute permet de l'employer.

Vient en second ordre la roue de côté, de cinq mètres environ de diamètre et plus, selon l'importance de la chute et du volume d'eau ; c'est celle qui marche lentement et est plongée dans l'eau inférieure, de telle sorte que la lame d'eau agissant sur les aubes, eu égard à sa vitesse, soit toujours supérieure, et puisse par conséquent dominer celle qui s'écoule.

Quant aux turbines employées jusqu'à ce jour, elles ont, certes, dans quelques cas, un avantage sur tout autre récepteur hydraulique; mais dans la plupart des autres cas, elles cèdent le pas aux autres roues, quelle qu'en soit la forme : d'où l'on peut conclure que la turbine d'une forme quelconque, et quelle que soit sa combinaison, ne doit être employée que dans les cas exceptionnels où il y aurait inconvénient à employer toute autre roue hydraulique; et c'est l'expérience, nous pouvons le dire hautement, qui nous a démontré ce que nous osons dire et soutenir ici.

Le manége à cheval, par son défaut de régularité dans l'impulsion que donne l'animal attelé, peut être considéré comme le plus mauvais des moyens à employer; tandis que la machine à vapeur, par sa régularité et sa puissance constante, obéissant en quelque sorte au besoin qu'éprouve l'usinier qui en fait usage, est l'appareil qui, dans beaucoup de circonstances, doit être préféré à tout engin hydraulique.

DEUXIÈME PARTIE

JURISPRUDENCE

—o—

Avant d'entrer dans l'explication des droits de chacun, nous devons dire que nous avons assimilé les travaux mécaniques, exécutés par un constructeur-mécanicien, qui selon nous n'est autre chose qu'un entrepreneur régulier, à tous autres travaux de bâtiments; aussi leur avons-nous appliqué, autant que possible, les mêmes règles.

La pratique nous a fait connaître une multitude de questions d'un haut intérêt pour nos usiniers que notre devoir nous commande d'éclairer.

L'absence complète de règles laissait ces diverses questions dans les ténèbres; nous avons pris à tâche d'y faire pénétrer quelques lueurs, et nous nous efforçons d'en combler la lacune en traitant de cette branche de la législation relative aux usines, dont nous nous occupons sans cesse et exclusivement.

PREMIÈRE SÉRIE

Mode de constructions.

Obligations du propriétaire.

Les usines, en général, se construisent dans des circonstances qu'il est utile d'indiquer ici.

1. Le propriétaire qui fait bâtir une nouvelle usine doit, en principe, avoir recours aux lumières et aux connaissances pratiques d'un ingénieur ayant l'habitude de cette sorte de construction.

L'ingénieur vient étudier le lieu, expérimenter les eaux, dresser un état du volume, de l'importance de la chute, en y comprenant toutefois tout ce qu'il est possible d'y joindre et ajouter.

L'ingénieur combine la chute de manière à ne porter atteinte à quoi que ce soit, et à ne préjudicier en rien aux propriétés voisines et riveraines, de sorte que la chute, une fois arrêtée, se trouve en parfaite harmonie avec les intérêts locaux et particuliers.

L'ingénieur, après s'être livré à toutes les expérimentations que réclament les circonstances, établit l'état normal des eaux, détermine le volume d'eau devant être appliqué à l'usine, indique par cela la force motrice et dresse du tout un plan primitif, contenant l'emplacement des constructions, principalement celui de l'usine, du coursier, par conséquent de la roue hydraulique, ainsi que de la décharge des eaux et du déversoir.

Il fixe la hauteur provisoire du repère des eaux supérieures et celle des vannes, pour ensuite être, ledit plan, soumis à l'autorité compétente, concernant le régime des eaux.

L'ingénieur prescrit aussi les dimensions du récepteur hydraulique (roue) qu'il harmonise avec la lame d'eau appelée à passer constamment par l'orifice de la vanne motrice, ce qui donne l'impulsion au récepteur.

Il indique la forme et la disposition du coursier en raison de l'importance de la chute, il indique le mode de la vanne motrice, si elle doit être plongeante ou non, ses dimensions et celles du col-de-cygne.

Il ne faut pas perdre de vue que l'avenir d'un établissement dépend de deux choses : la bonne combinaison du récepteur (roue) hydraulique et le bon emploi de la chute.

Que le propriétaire sache bien que l'emploi qu'il doit faire de l'ingénieur est plus indispensable qu'il ne pourrait le penser. Le défaut de bonne combinaison peut influer sur l'avenir de l'établissement, aussi bien que le défaut de qualité des meules peut exercer son influence sur la prospérité du meunier.

2. Le propriétaire, nanti du plan primitif et de tous les documents que lui a fournis son ingénieur, s'adresse à l'autorité supérieure pour obtenir l'autorisation de construire l'usine projetée.

3. Il dresse une demande en autorisation de construire et édifier une usine destinée à convertir le blé en farine, le tout conformément aux plans et indications de son ingénieur dont il fait suivre un exemplaire (formule de pétition n° 1er).

4. En attendant l'autorisation de bâtir, il fait

dresser les plans généraux et de détails, par un architecte apte aux travaux d'usines, attendu que ce genre de construction exige des soins et des conditions particulières de solidité que n'exige pas le bâtiment d'habitation ordinaire.

C'est pour un architecte une spécialité de savoir bien asseoir et élever une usine en rapport avec tous ses besoins particuliers.

5. Le propriétaire doit aussi, dès lors, appeler son constructeur-mécanicien, afin qu'architecte et mécanicien combinent ensemble, et d'un commun accord, toutes les principales dispositions, et s'entendent sur tout ce que nécessite le mécanisme en entier.

Ces deux hommes réunis déterminent ensemble par des plans bien arrêtés, de concert avec le propriétaire, la hauteur du sol intérieur de l'usine, en rapport, d'une part, avec le repère principal placé à niveau de la surface des eaux supérieures, et d'autre part, avec les principaux axes, tels que ceux de la roue hydraulique et autres; ils fixent aussi la hauteur des divers planchers, l'emplacement de toutes les machines principales, pour que les escaliers puissent, sans nuire à aucune, être pratiqués dans l'endroit le plus accessible et avec toutes les facilités et la forme qu'il est indispensable de leur donner, comme étant l'âme du bâtiment.

Les plans ainsi faits et arrêtés par l'architecte et le mécanicien :

6. Le propriétaire les examine et y apporte les changements et modifications qu'il juge convenables; après quoi, le tout est définitivement arrêté et approuvé de tous, pour être ensuite exécuté sans qu'il y soit dérogé en rien.

7. Aussitôt après, le propriétaire fait dresser par le même architecte un devis général estimatif des constructions à établir.

Il demande également un devis à son mécanicien, afin, lui propriétaire, de se rendre compte des dépenses où peut le conduire son projet.

Le propriétaire, auquel sont soumis les divers devis, approuve les dépenses et ensuite conclut ses marchés : l'un pour tout ce qui concerne le bâtiment ainsi que les travaux hydrauliques, et l'autre, avec le constructeur-mécanicien, pour tout ce qui est récepteur, gros mouvement, beffroi, bluteries, nettoyages, tire-sac, transmissions et tous objets accessoires et indispensables aux machines principales.

Il est inutile d'énumérer ici les règles à observer dans la construction des bâtiments : ce serait répéter ce que dit M. Frémy-Ligneville dans le tome Ier de son *Traité de la législation des bâtiments*, et répéter aussi les dispositions des articles 1792 et suivants du Code civil, relativement à la responsabilité des architectes et entrepreneurs.

Nous ne traitons ici que de ce qui touche spécialement la construction des machines et des circonstances qui s'y rattachent.

8. Après ces marchés arrêtés, le propriétaire doit faire toutes les approches de matériaux qu'il s'est engagé à fournir à pied-d'œuvre.

Il doit employer tous les moyens qui sont en son pouvoir pour faciliter les constructions de toute nature.

Il doit presser l'édification du bâtiment de l'usine, et faire exécuter les travaux préparatoires à la pose des machines, afin de n'apporter aucun retard dans l'exécution de ses conventions avec le mécanicien.

Il doit faire en sorte que l'approche des machines et leur pose aient lieu sans encombre, se fassent sans danger et avec toute la facilité possible.

9. C'est au propriétaire de prévenir toutes les difficultés et de lever toutes celles qui s'élèveraient dans le cours de l'exécution des travaux, soit avec des propriétaires voisins, soit avec l'autorité locale ou supérieure, pour toute chose qui ne s'exécuterait pas selon ses prescriptions; c'est, en un mot, au propriétaire chargé de livrer les lieux, de lever tous les obstacles qui auraient pour but l'empêchement ou la suspension des travaux.

10. Si, à l'époque indiquée pour le commencement de la pose des machines, les bâtiments destinés à les recevoir n'étaient point encore couverts, ou que les travaux préparatoires à la pose ne fussent pas achevés, le propriétaire, sur une simple mise en demeure de la part du mécanicien, serait tenu envers celui-ci à des indemnités, en raison du retard apporté.

En cas de désaccord sur l'importance des indemnités, celles-ci seront soumises à arbitres. (Formule n° 5.)

11. Si le propriétaire n'accomplissait pas ses obligations relativement à la construction, il déchargerait par cela seul son mécanicien de tous retards.

Les principes indiqués ci-dessus, pour parvenir à la construction d'une usine, ne sont pas toujours bien observés par les propriétaires. Ceux qui font les choses bien régulièrement sont en petit nombre, quoique ce soit pour tous une règle générale à suivre.

Le plus souvent, et surtout lorsqu'il s'agit d'usines d'une moyenne importance, le propriétaire voulant s'épargner des frais et simplifier les choses, s'adresse tout simplement à son constructeur-mécanicien, dans lequel souvent il trouve tous les talents réunis, notamment lorsqu'il s'agit de MM. Feray et Ce, de M. Decourt et de plusieurs autres, lesquels, il faut bien leur rendre cette justice, s'acquittent généralement bien de cette tâche complexe.

Ces constructeurs de machines, au moyen de l'étude des eaux et de la chute, apprécient la force hydraulique de l'usine, dressent et fournissent les plans de toute nature, d'après lesquels le propriétaire parvient, avec autant et plus de célérité, à remplir les formalités voulues et exigées par l'administration des cours d'eau, et à commencer l'exécution de son projet.

Du contrat.

12. Le Code Napoléon s'exprime en ces termes :

(Art. 1101.) Le contrat est une convention par laquelle une ou plusieurs personnes s'obligent, envers une ou plusieurs autres, à donner, à faire ou à ne pas faire quelque chose.

13. (Art. 1102.) Le contrat est synallagmatique ou bilatéral, lorsque les contractants s'obligent réciproquement les uns envers les autres.

14. (Art. 1103.) Il est unilatéral, lorsqu'une ou plusieurs personnes sont obligées envers une ou plusieurs autres, sans que, de la part de ces dernières, il y ait d'engagement.

15. (Art. 1104.) Il est commutatif, lorsque chacune s'engage à donner ou à faire une chose

qui est regardée comme l'équivalent de ce qu'on lui donne ou de ce que l'on fait pour elle.

16. Lorsque l'équivalent consiste dans la chance de gain ou de perte pour chacune des parties, d'après un événement incertain, le contrat est aléatoire.

17. (Art. 1107.) Les règles particulières à certains contrats sont établies sous les titres relatifs à chacun d'eux ; et les règles particulières aux transactions commerciales sont établies par les lois relatives au commerce.

18. (Art. 1108.) Quatre conditions sont essentielles pour la validité d'une convention :

1° Le consentement de la partie qui s'oblige ;
2° Sa capacité de contracter ;
3° Un objet certain qui forme la matière de l'engagement ;
4° Une cause licite dans l'obligation.

19. (Art. 1109.) Il n'y a point de consentement valable, si le consentement n'a été donné que par erreur, ou s'il a été extorqué par violence ou surpris par dol.

20. (Art. 1110.) L'erreur n'est une cause de nullité de la convention que lorsqu'elle tombe

sur la substance même de la chose qui en est l'objet.

21. (Art. 1122.) On est censé avoir stipulé pour soi et pour ses héritiers et ayants-cause, à moins que le contraire ne soit exprimé ou ne résulte de la nature de la convention.

22. (Art. 1134.) Les conventions légalement formées tiennent lieu de loi à ceux qui les ont faites.

Elles ne peuvent être révoquées que de leur consentement mutuel, ou pour les causes que la loi autorise.

Elles doivent être exécutées de bonne foi.

23. (Art. 1135.) Les conventions obligent, non-seulement à ce qui est exprimé, mais encore à toutes les suites que l'équité, l'usage ou la loi donnent à l'obligation, d'après sa nature.

24. (Art. 1142.) Toute obligation de faire ou de ne pas faire se résout en dommages-intérêts, en cas d'inexécution de la part de l'une des parties contractantes.

25. Les dommages et intérêts ne sont dus que lorsque la personne qui les réclame est en position de remplir son obligation vis-à-vis de celle

qui est la cause de l'inexécution ou du retard.

26. Pour avoir droit aux dommages et intérêts, il faut avoir mis en demeure la personne qui ne s'est point exécutée ou qui est la cause du retard.

La mise en demeure est une formalité qu'il est bon de remplir, quand on veut conserver ses droits.

La mise en demeure est une déclaration à faire à la personne à qui vous aurez, un jour, à réclamer des dommages et intérêts, pour cause d'inexécution de sa part.

Elle se fait par acte extrajudiciaire, c'est-à-dire par acte du ministère d'huissier.

27. (Art. 1148.) Il n'y a lieu à aucuns dommages et intérêts lorsque, par suite d'une force majeure ou d'un cas fortuit, la personne a été empêchée de donner ou de faire ce à quoi elle était obligée.

28. (Art. 1152.) Lorsque la convention porte que celui qui manquera de l'exécuter paiera une certaine somme à titre de dommages et intérêts, il ne peut être alloué à l'autre partie une somme plus forte ni moindre.

29. (Art. 1153.) Ces dommages et intérêts sont dus sans que la partie qui les réclame soit tenue de justifier d'aucune perte.

30. Ils ne sont dus que du jour de la demande, s'il n'est stipulé dans l'acte l'époque à laquelle ils devront commencer à courir.

DEVIS ET MARCHÉS.

Obligations du constructeur.

Le devis, ordinairement, précède le marché et le contrat.

31. Le contrat est l'ensemble des conventions intervenues entre les parties contractantes.

Souvent les parties ne font pas de contrat régulier; le simple devis portant quelques conditions stipulées au bas en tient lieu, c'est ce qui forme tout à la fois devis et marché (formule n° 3).

Pour régler le mode d'exécution des travaux de ce genre, c'est le constructeur-mécanicien qui contracte le marché et non l'ingénieur appelé à créer les plans primitifs.

32. C'est le constructeur de machines qui seul est responsable de la bonne confection, de la bonne construction de ses machines et de la précision qu'il doit apporter dans la pose de tous les objets qu'il fournit.

33. Il est responsable aussi des vitesses nécessaires et de la bonne harmonie qui doit exister entre les objets eux-mêmes, attendu qu'il a dû tout prévoir pour que tous les organes marchent d'une manière parfaite.

34. Le constructeur de machines ne pourra se prévaloir des changements et modifications qui pourraient être apportés par le propriétaire dans le cours de l'exécution des travaux, pour se dégager de ses obligations et de sa responsabilité : le cas échéant, les modifications et changements susceptibles d'apporter un retard dans l'exécution des conventions de la part du constructeur, devront faire l'objet d'un écrit distinct motivé et approuvé (formule n° 10).

35. Il ne pourra non plus se prévaloir des économies qu'aurait pu demander le propriétaire, relativement aux dimensions des objets, à leur poids et sur tous autres points qui pourraient

compromettre la solidité des objets quelle qu'en puisse être la nature.

36. Le propriétaire qui tiendrait à ce qu'il fût, dans la composition du mécanisme, apporté quelques changements ou fait des économies aux dépens de la solidité et de la bonne confection, devra en donner une décharge motivée à son mécanicien pour dégager celui-ci de sa responsabilité (formule n° 9).

37. A défaut de décharge spéciale émanée du propriétaire, le mécanicien sera responsable de tous ses objets, quand même il ne serait rien stipulé à cet égard, attendu que le constructeur a dû prendre ses précautions pour que l'ensemble du mécanisme soit établi d'une manière durable et qu'il puisse satisfaire les besoins qu'on s'est proposés (formule n°s 8 et 9).

38. Le contrat, et, à son défaut, le marché, devra mentionner si la convention est à forfait ou sur série de prix; les fers, fonte et bronze au poids, et les autres machines à la pièce ou au mètre.

39. Dans l'hypothèse du forfait, le chiffre de la dépense est invariable; il ne peut être modifié

que du consentement des deux parties ou de toutes les parties contractantes, si leur nombre excède deux.

40. Dans l'hypothèse de la série de prix, le chiffre de la dépense peut varier à raison des quantités fournies ou du plus ou moins de dimensions ou de poids des objets fournis.

41. S'il n'existe ni contrat ni conventions écrites, mais bien un devis contenant le détail et le prix des objets, les conventions seront considérées comme ayant eu lieu sur série de prix et les travaux seront réglés dans ce sens.

A défaut de prix particuliers à certains objets, les prix correspondants en seront les bases.

42. A défaut de conventions bien arrêtées au contrat ou au devis et marché, les travaux s'exécuteront conformément aux indications du devis.

Dans ce cas, les conditions générales qui font ordinairement l'objet du marché font défaut et seraient d'une haute importance pour la bonne exécution des travaux.

43. Le contrat que font entre eux le propriétaire et le constructeur est le contrat synallagmatique par lequel ils s'obligent réciproquement

l'un envers l'autre, l'un à fournir et poser les objets, l'autre à les payer.

44. (Art. 1583 et 1591.) Pour la validité d'un contrat il faut un objet, un prix, et le consentement sur l'objet et sur le prix.

45. Le contrat ou la convention manquerait d'objet, si les travaux indiqués n'étaient pas exécutables, s'ils étaient impossibles par leur nature ou par une cause indépendante de la volonté des parties contractantes.

46. (Art. 1172.) L'impossibilité absolue annule le contrat, la convention.

En d'autres termes, l'impossibilité de faire annule l'obligation de faire.

47. (Art. 1175.) La chose possible doit être accomplie de la manière que les parties ont vraisemblablement voulu et entendu qu'elle le fût.

48. (Art. 1109, 1110 et 1117.) Le prix doit autant que possible égaler la valeur des travaux; une grande différence en plus ou en moins, par erreur, permettrait à l'un ou à l'autre des contractants de demander l'annulation du marché avant l'exécution des conventions.

49. (Art. 1325.) Le devis et marché, ou l'acte

en résultant, n'est assujetti par la loi à aucune forme spéciale; il peut être fait sous signature privée, et dans ce cas, on doit faire autant d'exemplaires qu'il y a de parties contractantes, et faire mention au bas de chacun du nombre d'exemplaires ou copies, sous peine de nullité (formule n° 2).

Il suffit d'un original (exemplaire) pour toutes les personnes ayant le même intérêt.

50. Lorsqu'il n'a été fait aucun écrit entre le propriétaire et le mécanicien, la convention s'établit par le fait seul du commencement des travaux ; le silence de celui qui les a demandés et qui a connu le commencement de l'exécution fait supposer son consentement.

51. Il y a consentement tacite du propriétaire lorsqu'il a vu et su que des travaux s'exécutaient chez lui ou pour lui, sans opposition de sa part.

52. Ce consentement tacite fait que les travaux commencés doivent se faire d'après leur nature, conformément à l'usage et aux règles de l'art mécanique ; le mécanicien est tenu d'achever les travaux commencés et le propriétaire de les payer.

53. Quelles que soient les qualités et la position de celui qui contracte, qui traite avec le constructeur, il est assimilé au propriétaire, il est considéré comme tel, quoiqu'il ne soit que locataire de l'usine où doivent se placer les machines faisant l'objet du marché.

54. Si le prix demandé pour les travaux faits sans marché ne satisfait pas le propriétaire, il aura recours à une estimation par experts (formules n°s 5 et 9.)

Il y a toujours danger de faire exécuter des travaux sans en arrêter les bases.

55. (Art. 1341.) La preuve testimoniale est admise sur ce qui est convenu verbalement pour des travaux n'excédant pas une valeur de 150 fr.

56. Le constructeur ne peut, sans le consentement du propriétaire, céder son marché à un autre constructeur-mécanicien, attendu que la confiance personnelle qu'il inspire est la base principale de la convention.

C'est cette confiance qui fait que le propriétaire s'est attaché plutôt à ce mécanicien qu'à un autre, et sans elle la convention n'eût pas eu lieu.

Autrement, le propriétaire se trouverait avoir

affaire à un mécanicien qui ne lui inspirerait pas la confiance qui est la principale base du marché, et la seule cause pour laquelle il a eu lieu.

Époque de livraison et d'achèvement.

57. L'époque indiquée pour la livraison, l'achèvement des travaux et la mise en mouvement de l'usine étant arrivée, si le constructeur n'est pas en mesure de livrer ou d'achever la chose promise, il est passible de l'indemnité convenue et des dommages et intérêts en résultant.

En cas de difficultés sur ce point, elles seront soumises à arbitres chargés d'apprécier et de fixer (formule n° 5).

Garantie.

58. La garantie donnée par le constructeur est ordinairement fixée dans le marché.

A défaut de conditions à cet égard, la garantie est fixée à un an du jour de la mise en mouvement légalement constatée ou non contestée.

59. Pendant tout ce temps (une année) le constructeur-mécanicien est garant et responsable de tous vices de construction, défauts dans les matières ou autres, provenant de son fait, dépendant ou non de sa volonté.

60. Pendant tout ce temps, il est tenu à remplacer tous les objets qui viendraient à manquer, quelle qu'en soit la nature, par suite de cassures et ruptures provenant du défaut de qualité de la matière, ainsi que pour cause de défectuosités et vices quelconques, défaut de bonne confection ou défaut d'harmonie entre les objets, principalement dans les engrenages, quelle qu'en soit l'importance.

61. L'insuffisance de solidité apportée dans la pose des objets, en général, et particulièrement des objets du gros mouvement, tombe à la charge du mécanicien.

62. C'est au mécanicien à prévoir et à prescrire toute la solidité nécessaire dans les pierres disposées à recevoir son mécanisme, quoique ces pierres aient été fournies et posées par le propriétaire.

En cas de refus, de la part du propriétaire, de vouloir fournir et faire poser lesdites pierres de taille, d'une manière solide et immuable, le faire constater, afin d'être dégagé de la garantie à cet égard.

63. Le propriétaire pouvant baser son refus sur la surabondance de solidité exigée par le mécanicien, devra dans ce cas donner décharge à ce dernier (formule n° 9).

64. La garantie donnée par le mécanicien n'emporte pas avec elle la responsabilité des accidents résultant de la faute ou de la maladresse de l'exploitant de l'usine ou de ses employés.

65. A défaut de constatation régulière sur les causes des accidents, et à défaut de renseignements précis sur ces points, les difficultés en résultant seront soumises à l'appréciation des experts compétents ou à arbitres (formule n° 5).

(Voyez *Exposé d'un fait analogue*, formulaire n° 11.)

Ainsi qu'il est déjà dit, c'est souvent à la suite d'un devis que viennent prendre place les conventions des parties ; c'est là que se fait le marché des fournitures énoncées dans le devis, ainsi que de leur pose.

C'est là qu'est indiquée l'époque à laquelle les travaux, même les plus minutieux, seront terminés de manière à mettre l'usine en mouvement, sous peine, par le constructeur, d'être passible d'une indemnité de plusieurs francs par chaque jour de retard (formule n° 4).

66. Que le marché naisse d'un contrat ou qu'il suive un devis, le mécanicien doit exprimer, en termes clairs et précis, sous peine d'en demeurer chargé :

1° Aux frais de qui s'opèreront les transports de l'atelier à l'usine ;

2° Aux frais de qui la pose des objets, en général, sera faite ;

3° Si les ouvriers employés à la pose seront ou non nourris et logés par le propriétaire et à ses frais ;

4° Aux frais de qui sera la lumière employée par les ouvriers pendant la pose, ainsi que la graisse nécessaire aux objets ;

5° Quels sont les travaux qui restent à la

charge du propriétaire, desquels le constructeur entend être exonéré ;

6° Par qui et aux frais de qui seront fournis les courroies de transmission, d'élévateurs et autres ; les godets, les soies de bluteries, les poches en toile et coutil, nécessaires, ainsi que les rideaux de coffre, le tout à peine d'être tenu desdites fournitures.

67. Les meules ne peuvent faire l'objet d'une question, que dans un marché à forfait et sans détails.

Elles ne peuvent faire question dans le marché précédé de détails ; il suffit de se reporter au devis pour savoir si elles y figurent et pour quelle somme.

Si elles ne figurent ni dans le devis ni dans le marché, le propriétaire en reste chargé.

Dans ce cas, il en fait l'acquisition, le transport et le montage, à ses frais et risques ; le mécanicien n'est tenu qu'à en régulariser la pose, y sceller le boitard et l'anille.

A la suite de ces conditions essentielles, indispensables, viennent celles relatives au paiement (formule n° 4).

68. A défaut de conditions relatives aux termes de paiements, les parties restent dans le droit commun.

69. Dans l'espèce, le droit commun est ceci : un quart du prix des fournitures se paie en traitant, le second quart à l'époque de la livraison des fournitures, le troisième deux mois après la mise en mouvement de tous les objets, et le dernier un an après cette mise en mouvement, époque à laquelle cesse la garantie.

DEUXIÈME SÉRIE

Location des moulins.

70. Que la location résulte d'un contrat ou d'un sous-seing privé, elle doit recevoir les mêmes effets, attendu qu'elle est la loi des parties.

71. (Art. 1714.) On peut louer ou par écrit ou verbalement.

72. (Art. 1715.) Si le bail fait sans écrit n'a encore reçu aucune exécution, et que l'une des parties le nie, la preuve ne peut être reçue par témoins, quelque modique qu'en soit le prix et quoiqu'on allègue qu'il y a eu des arrhes données.

Le serment peut seulement être déféré à celui qui nie le bail.

73. (Art. 1716.) Lorsqu'il y aura contestation sur le prix du bail verbal dont l'exécution a commencé et qu'il n'existera point de quittance,

le propriétaire en sera cru sur son serment, si mieux n'aime le locataire demander l'estimation par experts; auquel cas, les frais de l'expertise restent à sa charge, si l'estimation excède le prix qu'il a déclaré.

74. (Art. 1717.) Le preneur a le droit de sous-louer, et même de céder son bail à un autre, si cette faculté ne lui est pas interdite.

Elle peut être interdite pour le tout ou partie; cette clause est toujours de rigueur.

75. (Art. 1719.) Le bailleur est obligé, par la nature de la convention, et sans qu'il soit besoin d'aucune stipulation particulière :

1° De délivrer au preneur la chose louée;

2° D'entretenir cette chose en état de servir à l'usage pour lequel elle a été louée;

3° D'en faire jouir paisiblement le preneur pendant la durée du bail.

76. (Art. 1720.) Le bailleur est tenu de délivrer la chose en bon état de réparations de toute espèce.

C'est bien là ce qui doit être observé et suivi dans les deux cas ci-après :

1° Lorsqu'il s'agit de réparations locatives de bâtiments;

2° Et aussi à l'égard des machines d'un moulin, seulement lorsqu'il est stipulé que le locataire doit jouir des machines qui lui sont confiées sans estimation aucune, mais bien d'après un état seulement descriptif des objets et sans pouvoir y rien changer.

77. Le cas où les machines se confient au locataire sur estimation faite à son entrée et à sa sortie se trouve en opposition avec le principe exprimé par l'article 1720.

78. Lorsqu'il s'agit des machines d'un moulin dont l'estimation doit être faite, s'il n'a pas été stipulé que les machines seraient délivrées en bon état de réparation, elles doivent être prises par le preneur dans l'état où elles se trouvent.

79. Afin d'éviter un conflit, les contractants doivent toujours dire l'état dans lequel seront pris et rendus les objets d'une prisée quel qu'en soit le mode.

80. A défaut de stipulation à cet égard, le preneur locataire prendra les objets dans l'état où ils se trouveront le jour de son entrée en

jouissance, autant toutefois qu'il s'agira d'un moulin dont les machines lui auront été délivrées sur estimation.

81. Ce sont principalement les grosses réparations et celles de gros entretien, relatives aux bâtiments, dont traite l'art. 1720 précité, qui sont, en principe, à la charge du bailleur.

82. Le contraire s'établit quant à ce qui touche l'entretien des machines garnissant un moulin, quelle que soit l'importance de l'entretien et du renouvellement, et principalement lorsque les machines sont données sur estimation, ce que l'on nomme vulgairement prisée estimative.

83. La prisée estimative diffère de la prisée descriptive pure et simple, en ce que la prisée descriptive oblige le locataire sortant à rendre les machines et accessoires dans un état d'entretien tel, qu'il ne doive y avoir, pour le locataire ou propriétaire lui succédant, aucune réparation immédiate à faire.

Tandis que dans la prisée estimative on tient compte exactement de toutes les défectuosités et par conséquent des réparations à faire, de sorte que les objets sont pris et acceptés dans l'état où ils se trouvent et pour la valeur qu'ils représentent, eu égard à leur état au moment de l'estimation.

84. L'entretien des machines d'un moulin, comme de celles de beaucoup d'autres usines, filatures, etc., est toujours à la charge de l'usinier exploitant l'établissement, ainsi que le renouvellement des objets, soit complétement cassés, soit complétement usés, à moins qu'il n'en soit autrement convenu.

85. Ces renouvellement, remplacement et entretien sont applicables à tous les objets, sans exception, compris sous la dénomination de prisée ou état, soit descriptif, soit estimatif.

86. Dans la prisée descriptive comme dans celle estimative, l'entretien et le remplacement des objets cassés ou usés sont à la charge du preneur, à moins de stipulation contraire.

87. Dans celle descriptive, le locataire est autorisé à rendre tous les objets qui lui ont été confiés, dans un état d'usure plus ou moins avancée et telle qu'il n'y ait lieu à réparations ni à renouvellement dans les six mois qui suivront sa sortie.

Comment apprécier le bon et le mauvais état d'un objet ?

RÉPONSE :

87 bis. De l'état *neuf* à l'état de *vétusté*, qui est le dépérissement, il y a plusieurs états intermédiaires.

L'un des deux extrêmes est celui à partir duquel le bon état commence ; l'autre est celui au-dessous duquel il cesse.

Ce sont précisément les divers degrés d'usure qu'il est essentiellement utile de pouvoir qualifier et déterminer.

C'est en parcourant la distance comprise entre les deux points extrêmes, que nous rencontrons plusieurs points intermédiaires auxquels nous donnons le nom de degrés d'usure.

Ce sont ces divers degrés qu'il est indispensable de préciser, afin qu'il n'y ait pas lieu à confondre un degré avec l'autre, afin d'éviter toute erreur :

8.

EXEMPLE :

1° *État neuf* : L'objet qui commence à fonctionner, c'est l'état au suprême degré.

2° *État parfait* : L'état qui touche de près le neuf, l'objet ayant servi, sans être usé perceptiblement.

3° *Bon état* : L'objet qui a frayé, mais qui n'a point encore été réparé et qui n'a point encore besoin de l'être.

4° *Parfait état d'entretien* : L'objet qui, au moyen d'une réparation soignée et complète, se présente presque à l'état parfait.

5° *Bon état d'entretien* : L'objet que l'effet de la réparation a mis, sinon dans un état parfait, au moins dans un état de réparation acceptable.

6° *Médiocre état d'entretien* : L'objet qui est incomplètement réparé et dont l'usure emporte les deux tiers de la valeur.

Un engrenage en fonte peut être considéré et déclaré en bon état, et sa denture en mauvais état, si celle-ci est rapportée et en bois.

Le mauvais état des dents d'un engrenage, tout en fonte et du même jet, emporte avec lui la dépréciation de l'objet entier.

7° *Mauvais état* : L'objet qui demande la réparation prochaine et dont l'usé emporte avec lui les 3|4 de la valeur.

8° *Très-mauvais état* : Qui demande le changement prochain et dont l'usé emporte la presque totalité de la valeur.

9° *Etat de vétusté* : Qui exige le remplacement immédiat et qui est sans valeur, si ce n'est celle des débris qui, dans ce cas, profitent à celui qui fait les frais du remplacement.

Il importe donc de bien préciser l'état dans lequel les parties entendent que les objets soient reçus par le locataire à son entrée en jouissance et rendus à sa sortie, de manière à ne pas laisser à l'arbitraire des juges un vaste champ, puisque de ce point dépend la question de savoir quand le bailleur qui livre son usine aura satisfait à l'obligation par lui contractée et à lui imposée par l'art. 1720 du code Napoléon, et quand, au contraire, le preneur, avant d'accepter les lieux, aura le droit d'exiger qu'ils soient en meilleure situation.

On comprendra aisément qu'au moment où une usine est donnée à bail, il puisse, dans le nombre de ses machines, y en avoir qui, bien qu'ayant un usage antérieur, soient encore d'un emploi facile, constant et durable, de même que d'autres peuvent n'être pas considérées comme étant dans un état neuf.

Il était donc urgent de donner un nom à chaque degré d'usure, car il faut admettre l'hypothèse où l'objet donné à bail serait tellement mauvais que son remplacement seul en permettrait la délivrance, soit en état neuf, soit en parfait état de réparation ou encore en bon état de réparation.

Il est donc essentiellement important de s'exprimer, dans le bail, de manière à se bien faire comprendre; comme si, par exemple, les parties étaient convenues que toute chose faisant partie des paragraphes 6, 7, 8 et 9 ci-dessus, et dont l'usé emporterait les deux tiers et plus de la valeur, serait rejetée et devrait être remplacée avant sa délivrance; tandis que tout ce qui n'aurait pas atteint ces degrés d'usé serait maintenu et réparé selon le besoin, de manière à le rendre acceptable, le tout de sorte qu'il n'y eût plus, entre les contractants, qu'une question d'expertise, qu'une question d'appréciation.

88. Dans l'hypothèse d'une expertise, les objets seront rejetés ou admis par les experts, selon les bases fixées par la convention.

89. Dans la prisée descriptive, le bailleur sera tenu de délivrer les objets du mécanisme en général dans un état conforme à la convention, et à défaut de convention, dans un état tel qu'il n'y ait pas nécessité de réparations prochaines (formule n° 12, paragraphes 1er et 3 des conditions relatives au mécanisme).

90. (Art. 1722.) Si dans la durée du bail la chose louée est détruite en totalité par cas fortuit, le bail est résilié de plein droit; si elle n'est détruite qu'en partie, le preneur peut, suivant les circonstances, demander ou une diminution du prix, ou la résiliation même du bail; dans l'un et l'autre cas, il n'y a lieu à aucun dédommagement.

91. (Art. 1723.) Le preneur ne peut, pendant la durée du bail, changer la forme de la chose louée.

92. Cet article est applicable au locataire de machines; il ne doit en changer la forme ni les

dimensions s'il n'y est autorisé par le propriétaire.

93. (Art. 1728.) Le preneur est tenu de deux obligations principales :

1° D'user de la chose louée, en bon père de famille et suivant la destination qui lui a été donnée par le bail, ou suivant celle présumée d'après les circonstances, à défaut de convention;

2° De payer le prix du bail aux termes convenus.

94. (Art. 1729.) Si le preneur emploie la chose louée à un autre usage que celui auquel elle a été destinée, ou dont il puisse résulter un dommage pour le bailleur, celui-ci peut, suivant les circonstances, faire résilier le bail.

95. (Art. 1730.) S'il existe un état des lieux régulier, le preneur doit rendre la chose telle qu'il l'a reçue, suivant cet état, excepté ce qui a péri ou a été dégradé par vétusté ou force majeure.

96. (Art. 1731.) S'il n'existe pas d'état des lieux, le preneur est présumé les avoir reçus en bon état; il doit les rendre tels, sauf la preuve du contraire.

97. Le locataire répond de l'incendie, à moins qu'il ne prouve que l'incendie est arrivé par cas fortuit ou force majeure ou par vices de construction, ou que le feu a été communiqué par une propriété voisine.

Les difficultés entre propriétaires et locataires du moulin, résultant du défaut de conventions dans le bail, ne peuvent se régler que par experts s'il s'agit d'estimations, ou par arbitres s'il s'agit d'interprétations.

Les conditions relatives à la prise de possession des machines d'un moulin font souvent défaut dans les baux.

Ou si les conditions y sont prévues et indiquées, les bases d'après lesquelles l'estimation doit avoir lieu font défaut.

98. A défaut de conditions relatives au mode de la prisée, on suivra l'usage des lieux.

99. Si le moulin faisant l'objet du bail est dans une localité où l'usage de la prisée estimative soit établi, il sera fait une prisée estimative.

100. Si, au contraire, le moulin se trouve dans une localité où l'usage n'est pas de faire une prisée estimative, il sera dressé une prisée des-

criptive constatant l'état des objets et leur nombre.

101. A défaut de bases indiquées dans le bail, il en sera ainsi :

1° Dans le cas où la prisée du moulin serait neuve et nouvellement établie, les bases de l'estimation seront la valeur réelle que représentera chaque objet à raison de ses dimensions, de son poids ou de sa forme, et de la main d'œuvre qui lui a été appliquée; et le prix en sera fixé en rapport avec le cours des matières, marchandises et matériaux qui le composent au moment même de l'expertise.

Ou, si mieux l'on aime, on fixera le prix de chaque objet d'après les mémoires des fournisseurs, si toutefois ce prix n'est point exagéré.

2° S'il s'agit d'un moulin dont le mécanisme ait déjà subi une estimation, celle-ci sera prise pour base, autant que les objets seront les mêmes, de manière à faire ressortir la différence entre les deux estimations dont l'usure forcée sera la principale cause.

102. S'il s'agit d'une prisée descriptive, l'état qui en sera dressé contiendra des indications

minutieuses du bon ou du mauvais état dans lequel se trouvera chaque objet.

103. La différence entre l'état estimatif et l'état seulement descriptif est celle-ci :

1° L'état estimatif oblige le locataire à tenir compte de la différence de valeur des objets ;

2° Quant à la prisée descriptive, elle n'oblige qu'aux réparations en nature.

104. La prisée descriptive indiquera, autant que possible, la dimension, la nature et la forme des objets, afin de pouvoir obliger le locataire à les rendre dans le même état qu'il les a reçus, moins toutefois l'usure naturelle et insensible résultant du laps de temps écoulé, à laquelle usure le locataire ne peut remédier et dont par conséquent il ne doit être tenu.

105. L'usure des objets composant l'ensemble du mécanisme d'un moulin est divisée en autant de classes que les objets le sont eux-mêmes.

106. Les objets composant l'ensemble du mécanisme, quelle qu'en soit l'importance, sont divisés en cinq classes.

107. La première comprend tous les objets,

petits et grands, en fer, fonte, bronze, cuivre et pierre de taille.

108. La seconde, tous les objets composés de bois, dit de charpente ou de menuiserie, portant ou non des ferrements ou des tôles.

109. La troisième, ceux des objets qui sont en peau, cuir, toile, coutil ou soie.

110. La quatrième comprend les accessoires se rattachant aux principaux objets, sans lesquels ceux-ci seraient incomplets et ne pourraient rendre tous les effets qui en sont attendus.

Ces objets accessoires sont les supports de toute nature, les trémies, les cloisons, les clôtures de chambres à farine et de nettoyage, les ensachoirs cylindriques et autres, les conduits, les récepteurs en général, les cases aux sons, la grue ou potence à lever les meules, la règle-étalon, la règle à meule, la meule à repasser les marteaux et toutes les clefs à écrou dépendantes du mécanisme, ainsi que le cric à débrayer les pignons.

111. La cinquième classe comprend les divers instruments à peser, leurs poids, les mesures à grain, le niveau à bulle d'air, les brouettes à

sac, pelles, balais, mains à farine, burettes à huile et bidons, clefs anglaises, tourne-vis, tire-bourre, pinces, marteaux, tenailles et tous outils susceptibles d'être détachés du moulin sans entraver celui-ci dans sa marche.

USURE FORCÉE.

Comment on doit l'entendre.

112. Dans la première classe, ce sont particulièrement les dents des engrenages qui s'usent et se détruisent par le frottement.

113. L'usure des dents en bois adaptées à un engrenage en fonte n'emporte pas avec elle la dépréciation de l'engrenage.

114. L'usure des dents en fonte du même jet de l'engrenage emporte avec elle la dépréciation de l'objet entier, dans la même proportion.

115. Les colonnes en fonte, leurs plateaux et couronnements, les pierres de taille supportant les machines, la charpente du beffroi portant les meules, ne sont susceptibles d'aucune dépréciation, si ce n'est celle résultant du mauvais entre-

tien, de la rouille, des cassures, ruptures ou dégradations du fait du locataire, et qui dépendent ou non de sa volonté.

116. La dépréciation des arbres en fer ou en fonte aura lieu dans la proportion de l'usure de leurs portées, fusées et tourillons frottant sur les coussinets.

117. Les pivots et crapaudines seront dépréciés dans la proportion de l'usure qu'ils auront subie, et la valeur entière en sera négligée si le degré d'usé exige le remplacement immédiat ou très-prochain.

Il en sera de même de tous autres objets dont l'usure obligerait le remplacement dans un délai moindre de six mois.

118. Dans la deuxième classe, la dépréciation pèsera sur l'ensemble de l'objet, et les ferrements perdront de leur valeur dans la proportion de l'usure des bois sur lesquels ils sont appliqués, attendu que les ferrements auront perdu une partie de leur valeur au moment où ils seront appelés à être réemployés et appliqués sur un nouvel objet en bois remplaçant celui tombé par suite d'usure.

PAR EXEMPLE :

La roue hydraulique composée de bois, consolidée par des ferrements et montée sur des croisillons en fonte, étant jugée à moitié usée, aura perdu moitié de sa valeur ; bien qu'à la fin il reste les ferrements et croisillons pouvant être utilisés, il n'en sera pas tenu compte, ces objets et les débris venant compenser le chômage pendant lequel le remplacement de la roue a lieu, car ce chômage est d'une certaine importance.

119. Si cette roue hydraulique est toute en fonte ou fer, la dépréciation ne portera que sur les parties usées, ou cassées, ou endommagées par une cause quelconque.

120. Dans les bluteries et nettoyages, la dépréciation frappera tout ce qui aura perdu de sa valeur, ces objets usant beaucoup et se renouvelant souvent ; leurs bâtis, coffres, supports et enchâssements seuls, pouvant durer longtemps, ne seront dépréciés que dans la proportion du temps écoulé depuis l'entrée en jouissance du locataire dont le bail expire.

121. Dans la troisième classe, les objets com-

posés de peau, cuir, toile, coutil et soie, usant beaucoup; seront estimés pour la valeur qu'ils représenteront au moment de l'expertise, eu égard à leur état d'usure.

122. Dans les quatrième et cinquième classes, il en sera de même que dans la troisième : la dépréciation frappera aussi bien l'objet sur son ancienneté que sur ses dégradations et son usure.

Des cassures.

Les cassures que peuvent éprouver les engrenages et poulies en fonte préjudicient à leur solidité et aux intérêts du propriétaire.

123. Il ne suffit pas qu'un objet soit fêlé, ait une simple cassure, pour qu'il soit mis hors de service, et pour que le locataire soit passible du remplacement.

124. Une simple fêlure, soit au moyeu, soit à un bras, soit à la couronne portant la denture, dépréciera l'objet dans la proportion suivante :

Du tiers de la valeur, si l'objet n'a que trois bras (rayons); du quart, s'il en a quatre: du cinquième, s'il en a cinq, et du sixième, s'il a six bras ; la quantité de rayons ou bras étant la base de la solidité de l'objet en fonte dont le tout est du même jet.

125. S'il y a deux cassures ou fêlures permettant à un morceau de l'objet de s'en détacher, mais bien que ledit objet soit bien susceptible d'être réparé par des ferrements ne laissant aucun doute sur la solidité, la dépréciation sera du double de celle indiquée dans le cas qui précède, et toujours dans la proportion du nombre de bras.

126. Dans tous les cas, la réparation sera supportée par la personne dans les mains de laquelle l'accident aura eu lieu : le locataire, par exemple.

127. Si en même temps l'objet est cassé ou fêlé à la couronne, au moyeu et au bras, le tout, quoique réparable, sera déprécié trois fois autant que s'il avait une seule cassure ; cet objet perdant par ce fait considérablement de valeur, et attendu qu'il pourrait arriver que le nombre de fêlures ou cassures ne lui permît plus de fonctionner.

128. Si l'objet en fonte est en deux pièces reliées par des boulons, la dépréciation ne frappera que la moitié endommagée.

Facultés accordées au locataire.

129. Le locataire auquel il est donné par son bail la faculté d'apporter dans le moulin, qui est l'objet principal de sa location, des changements et améliorations quelconques, à la condition d'en prévenir son propriétaire, doit :

1° Donner connaissance au propriétaire, par un état détaillé, de tous les changements qu'il se propose de faire exécuter.

Le propriétaire en fait l'examen ou le fait faire par qui bon lui semble, après quoi il donne son adhésion ou un refus motivé.

130. Pour que le refus soit valable, il doit contenir les motifs qui ont déterminé le propriétaire à ne pas donner son consentement.

131. Le locataire, voulant user de la faculté qui lui est accordée par son bail, provoque une expertise ou un arbitrage auquel le propriétaire sera tenu de répondre par la nomination d'un arbitre. (Formule n° 7.)

132. Les arbitres décideront si les changements et améliorations projetés sont ou non indispensables, eu égard, soit à l'importance de l'usine, soit aux progrès survenus dans la meunerie, soit encore à l'insuffisance des machines existantes dans ledit moulin.

133. La décision des arbitres fera la loi des parties, lorsque celles-ci l'auront formellement exprimé dans le compromis préalablement dressé à cet effet.

134. A défaut de déclaration à cet égard, la décision des arbitres sera sujette à appel.

Dans l'hypothèse, la partie qui croira ses intérêts lésés par l'effet de l'arbitrage pourra donc le contester et en appeler.

135. Dans tous les cas, les frais de l'arbitrage seront supportés par celui auquel les arbitres auront donné tort.

136. L'arbitrage, pour être complet, devra statuer sur les frais de l'arbitrage, à moins de convention contraire.

137. Les arbitres devront dresser une sen-

tence arbitrale de toutes leurs opérations, en se conformant strictement aux droits et pouvoirs qui leur sont conférés par le compromis, et ils statueront sur tous les frais relatifs à l'arbitrage si rien ne le défend.

A défaut d'être fixées sur les frais, les parties se refusant à les acquitter en commun, il pourrait en résulter un procès qu'il importe d'éviter.

Changement de meules.

138. Lorsqu'un locataire aura opéré la suppression d'une ou plusieurs meules à moudre, qu'il a jugées être trop usées ou de mauvaise qualité, et qu'il aura remplacées par de nouvelles, il sera tenu de laisser les nouvelles, et celles supprimées seront sa propriété.

139. Les nouvelles meules apportées dans le moulin qu'il tient à loyer, devront être de même diamètre que celles supprimées, à moins de conventions contraires.

140. Il en sera de même de tous objets changés ou renouvelés dans le cours de sa jouis-

sance; ils seront de mêmes dimensions et de même nature, à moins d'une autorisation spéciale de la part du propriétaire de l'usine.

141. Dans tout état de cause, le propriétaire doit être prévenu des changements qui s'opèrent dans son usine, attendu qu'il a un intérêt direct à la chose, comme propriétaire appelé un jour soit à tenir compte de ces changements, soit à accepter les nouveaux objets en remplacement des anciens.

Cession du moulin.

La cession d'un moulin se fait dans les conditions qui suivent :

142. Le locataire sortant use du moulin jusqu'à la dernière heure de sa jouissance; il suffit que le moulin soit arrêté au moment où son successeur vient prendre possession de l'usine.

143. Le chômage de l'usine est supporté par le locataire entrant, qui, à son tour, tourne jusqu'à la dernière heure de sa jouissance.

144. Il est accordé, au locataire sortant, un temps moral pour faire les réparations indispensables aux machines, pour en opérer le nettoiement et pour faire aux bâtiments les réparations locatives d'usage et conformément à l'état qui en a été dressé à son entrée en jouissance.

Temps moral.

145. Le temps moral des réparations à faire au moulin proprement dit doit être le même que celui du chômage pendant lequel se fait l'expertise des machines ou leur examen.

146. Le chômage indispensable pour l'examen ou l'expertise des machines, supporté par l'usinier entrant, est ainsi fixé :

1° Pour un moulin n'ayant qu'un jeu de meules, nuit comprise . . . . 30 heures.
2° Pour 2 et 3 paires de meules, une nuit comprise . . . . 40 »
3° Pour quatre paires de meules, deux nuits comprises . . . . 60 »
4° Pour cinq et six jeux de meules, trois nuits comprises . . . . 72 »

5° Pour sept et huit jeux, toujours sur le même récepteur (moteur) . . . . . 84 heures.

6° Pour dix à douze jeux de meules sur deux récepteurs différents, nuits comprises . . . . 110 »

147. L'usinier sortant restera le gardien des objets de la prisée jusqu'à l'expiration du délai moral susfixé.

148. Il profitera de tout ce temps pour préparer et rendre les objets dans un état de propreté telle que les experts puissent se rendre compte, par la vue et le toucher, de l'usure de toutes les parties qui frayent, ce qu'ils ne pourraient voir si ces parties étaient couvertes de graisse et de poussière.

149. Les délais susfixés suffiront aux experts pour se rendre compte de l'état des objets et de leur nombre, la fin de l'expertise pouvant se prolonger un peu au-delà desdits délais.

150. Le délai partira de l'heure indiquée pour le rendez-vous fixé, soit par les parties, soit par leurs experts.

151. Le délai expiré, le locataire entrant prendra possession des machines et meules et dispo-

sera du moulin comme il le jugera, pour son compte et à ses risques.

Faute par lui de satisfaire à ces conditions, il sera censé être en possession et le moulin tombera sous sa responsabilité.

152. Pendant le délai moral, l'usinier sortant aura droit à une partie de l'habitation qu'il quittera en même temps qu'il cessera d'être le gardien des objets de la prisée.

153. Les deux premiers experts, une fois d'accord, donnent sur timbre le résultat de leurs opérations partielles et générales, qu'ils font en double ou triple, selon le nombre d'intéressés, et qu'ils signent avec les parties après lecture.

154. Si ces deux experts ne s'accordent point sur leurs estimations ou sur partie d'icelles, ils nomment un tiers-expert s'ils y sont autorisés, et ils se rendent avec ce tiers sur les lieux le jour indiqué par ce dernier.

155. Le tiers reçoit, des deux premiers experts, toutes les observations tendant à l'éclairer sur l'état dans lequel lesdits deux premiers experts ont trouvé les objets lors de leur examen.

156. Le moulin sera mis en chômage, au be-

soin, pour faciliter l'examen que fera le tiers-expert, et pour ce chômage il n'y aura pas lieu à dédommagement.

157. Le tiers conférera avec les deux premiers experts; ils aviseront au moyen d'appliquer, de concert ensemble, un seul et même chiffre.

158. Le tiers-expert ne sera pas tenu, comme en matière d'arbitrage, de se ranger de l'avis de l'un des deux premiers experts; il établira ses prix, suivant ses connaissances, ses lumières, selon l'équité, et le prix moyen ressortant des trois estimations distinctes, quelle que soit la main dans laquelle il se trouve, sera celui qui devra être appliqué.

159. Les trois experts, après s'être bien assurés qu'il ne s'est point glissé d'erreur dans leur travail, en rendront compte sur timbre, en autant d'exemplaires qu'il y aura de parties intéressées, et signeront avec les parties.

Objets défectueux.

S'il arrivait qu'il y eût dans le moulin d'anciens objets qui fussent défectueux, seulement parce qu'ils seraient contraires à ce que les progrès et nouveaux procédés offriraient d'avantageux :

160. Ils seraient exclus seulement dans le cas où ils feraient double emploi avec les nouveaux ; c'est-à-dire dans le cas où ces objets, vieux et neufs, offriraient deux systèmes atteignant le même but, et dont un seul suffirait.

161. Ils seraient maintenus, bien que surannés, s'ils devaient rendre encore quelques services et s'ils ne faisaient pas double emploi.

C'est bien là le conflit qui s'est présenté dans les moulins entre les intéressés, lors du changement de système de blutage : chaque meunier possédait une huche, des bluteaux et leur mouvement bruyant, dont il ne voulait perdre la valeur, tout en faisant valoir les bluteries nouvellement montées devant lesquelles les bluteaux devaient disparaître.

Appelé à juger cette question, nous conclûmes au rejet des bluteaux, attendu qu'ils formaient double emploi avec les bluteries, dans lesquelles on trouvait plus de ressources.

Et afin que la perte fût moins sensible d'abord, la huche fut conservée et considérée comme un coffre récepteur à boulange dont la valeur n'excèderait pas trente francs.

Un des babillards fut, avec une batte frappant sur la croisée, conservé et considéré comme indicateur de vitesse, et cela seulement jusqu'à ce qu'il fût apporté dans l'usine un autre agent mécanique spécial, auquel cas l'agent bruyant devait être exclu.

Il serait injuste de ne pas frapper de dépréciation ou de suppression, selon son état et selon son peu d'utilité, un objet précédemment en usage qui ne rendrait plus les mêmes services que par le passé.

Faudrait-il donc agglomérer les vieux objets devenus de moins en moins utiles, avec ceux que les progrès de l'industrie obligent d'adopter, sous peine de ne pouvoir soutenir la concurrence du beau et du bon?

162. Dans toute prise de possession d'une usine, par suite de prisée estimative, l'objet suranné, ou formant double emploi avec de plus nouveaux amenés par les progrès, sera frappé de dépréciation partielle ou complète, selon son état et son utilité, à moins de convention contraire.

163. L'auteur des nouveaux objets substitués aux anciens, quel qu'il soit, propriétaire ou locataire, supportera la dépréciation totale ou partielle de l'objet qui en sera frappé, par la raison qu'il est censé avoir monté les nouveaux agents avec connaissance de cause et dans le but de maintenir constamment l'usine à la hauteur des progrès survenus, pour pouvoir en tirer tous les avantages possibles.

Il est rationnel que l'objet qui est dans la voie de désuétude soit déprécié insensiblement et en raison des avantages du nouvel objet venant lui succéder ; c'est une obligation que s'impose l'usinier en opérant des changements.

Tous les faits qui souvent offrent de l'importance au point de vue de la location ont besoin d'être prévus au bail ou à la convention qui en tient lieu.

164. Le bailleur qui a prescrit dans le bail qu'aucun changement, qu'aucune addition ne serait faite dans son usine sans son consentement, se trouve dans la position de celui qui a entendu se réserver la faculté de faire ou de ne

pas faire, de permettre ou de ne pas permettre de faire.

Il n'a pas par cela même pris l'obligation de faire lui-même et en temps opportun les changements auxquels les progrès de l'industrie obligent pour qu'une usine ne reste point en arrière de ses semblables et pour que le preneur, auquel il doit moralement protection, puisse toujours jouir de la chose louée avec le même avantage.

Dans tout état de cause, le bail ou la convention doit être précise.

165. Le bail stipulant que le preneur aura la faculté d'introduire dans le moulin de nouveaux objets en rapport avec le progrès, le preneur fait les changements à ses frais, et il doit compter que les vieux objets remplacés feront l'objet d'une dépréciation partielle ou complète selon leur degré d'utilité.

Le principe qui veut qu'à défaut de stipulation dans le bail, le preneur accepte dans l'état où ils se trouvent tous les objets composant la prisée estimative étant contraire aux dispositions de l'article 1720 du code Napoléon, oblige les contractants à s'exprimer d'une manière précise et expresse à cet égard, ou à faire que la condition doive résulter tacitement du moins des clauses de la convention ou bien de l'usage de la localité.

Vannage et Coursier.

166. Les vannes en général seraient entretenues et remplacées au besoin par l'usinier exploitant, ainsi que leurs mouvements et accessoires, s'il en existe.

167. Les poteaux, chapeaux, seuils, cols-de-cygne, agrafes, boulons et arcs-boutants, soit en fer, fonte ou bois, en un mot tout ce qui constitue les bâtis et châssis de vannes, sont à la charge du propriétaire de l'usine, comme choses adhérentes aux massifs et murs ; le propriétaire devra les entretenir et les renouveler lorsqu'il en sera besoin.

168. Les coursiers de roues hydrauliques, quelle qu'en soit la nature et la forme, fussent-ils en bois, sont et demeurent à la charge du propriétaire, lequel devra profiter du renouvellement des roues pour faire auxdits cour-

siers les réparations dont ils auront besoin.

169. Le déversoir et le repère des eaux, ainsi que les murs de berge de rivière, seront aussi entretenus par le propriétaire, à moins de stipulation contraire.

Pour parvenir à l'exécution des travaux que peuvent nécessiter, soit les réparations, soit le remplacement des objets susmentionnés, si ces travaux ne peuvent se faire dans un moment opportun pour le meunier exploitant :

170. Le propriétaire pourra, dans le cas d'urgence, exiger le chômage de l'usine ; mais ce chômage ne devra, dans les cas les plus nécessiteux, se prolonger au delà de quarante jours, ou bien le propriétaire serait passible d'une indemnité envers son locataire.

171. Les indemnités dans le cas ci-dessus seront basées sur le prix du loyer et des autres frais généraux que fera connaître l'exploitant par la tenue de ses livres.

172. A défaut de livres en règle reproduisant la masse de ses frais généraux, il ne lui sera alloué que le prix du loyer de chaque jour de chômage.

Curage.

Le curage fait souvent difficulté entre propriétaire et locataire.

Presque toujours le locataire est chargé par son bail du curage de la rivière; mais les bases de ce bail sont souvent mal établies quant à l'obligation dont il s'agit.

173. A défaut de conventions bien précises à l'égard du curage, les bases seront celles-ci :

Le curage sera présumé devoir être fait à vif fond, c'est-à-dire que l'enlèvement des vases devra être fait au complet, et de manière à laisser à nu le fond du lit de la rivière ou des canaux d'arrivée et d'échappement des eaux servant à l'usine.

174. On entend, par le fond du lit, le sol naturel qui présente de la fermeté et qui n'est ni boue ni vase.

175. Les choses se passeront comme elles sont ci-dessus indiquées, si un état des lieux ne détermine pas l'état de curage dans lequel le locataire les a reçus.

176. Dans tout état de cause, l'indication de

l'état du curage, dans l'état de lieux, n'a trait qu'à la dernière année de jouissance, où le locataire rend le curage dans l'état où il l'a reçu; mais cette constatation ne peut dispenser le locataire de faire à toute autre époque de sa jouissance les curages complets et à vif fond.

177. Les époques de curage seront indiquées par le bail; autrement il y sera procédé suivant l'usage et les règlements ou selon qu'il en sera ordonné par l'administration des eaux et aux frais du locataire, à moins que son bail ne l'en dispense.

178. Afin d'éviter les difficultés à l'égard du curage, et lorsque le lit des eaux présentera un plan droit et de niveau, le bail portera la convention que la rivière ou les deux canaux d'arrivée *ou* d'échappement des eaux, conserveront toujours et à toute époque une épaisseur régulière d'eau d'au moins 0^m00, la mesure prise au milieu du lit et dans un moment où les eaux affleureront les repères.

179. Si, au contraire, le lit est incliné de manière à présenter une plus forte épaisseur d'eau dans la partie inférieure, l'épaisseur d'eau aux deux extrémités sera prescrite et le lit entre ces

deux points sera réglé en une pente régulière.

Pour faciliter ce travail, le propriétaire qui tiendra à la régularité d'un bon curage fera planter des pieux en bois dans le lit de la rivière, placés à vingt-cinq mètres de distance, et dont la tête sera dérasée selon la ligne droite et de pente tirée des deux extrémités, de sorte que la crête de chaque pieu soit le fond du lit où doit s'arrêter le curage.

Toutes difficultés tombent devant ce moyen, et par conséquent tout procès.

180. Autant que les règlements administratifs l'ordonnent ou le permettent, les berges de rivière seront rafraîchies autant de fois et en même temps que le curage; les mottes de terres, les herbes, les accrues et les branches de bois s'inclinant sur les eaux seront coupées et jetées sur berges.

181. Le fauchage sera fait de la manière indiquée au bail.

A défaut de convention, il sera fait selon l'usage des lieux.

182. Les fauchages et curages susindiqués ne seront exécutés que dans les rivières où il est d'usage d'en faire et lorsque les règlements

administratifs le permettront ou l'ordonneront.

Élagage.

Les arbres-futaies, plantés sur les rives des rivières et fossés et dans les prairies, portent des branches que l'on coupe assez habituellement tous les trois ans.

183. La coupe de ces branches se nomme élagage ; ce travail doit se faire par tiers, c'est-à-dire que le tiers du nombre des arbres doit être dépouillé de ses branches une année, et l'année suivante un autre tiers, de sorte que les deux tiers du nombre soient garnis de leurs branches âgées de une et deux années, devant être coupées à trois ans.

184. Pour que le locataire soit privé de faire l'élagage et de profiter des produits, il faut que son bail le lui défende.

185. Il en sera tout autrement à l'égard des bois-taillis, dont le propriétaire se réserve habituellement la coupe.

On entend par bois-taillis tous les brins partant du sol, plantés ou venant sur souches, et dont la coupe se fait à des périodes de six ans et plus, selon que le juge le propriétaire.

Résiliation de Bail.

186. La résiliation d'un bail a lieu :

1° Par la volonté des deux parties contractantes déclarant toutes deux vouloir faire cesser la jouissance ;

2° Par la volonté d'une des parties, sur la disparition de la chose qui en était l'objet.

187. Si, par suite d'un incendie, la chose faisant l'objet de la location est détruite en tout ou partie, mais d'une manière à ne plus pouvoir en tirer parti avec avantage, le locataire est en droit de demander la résiliation de son bail.

188. Si, au contraire, la chose faisant l'objet de la location n'est détruite qu'en partie, ou endommagée de manière à ne pas interrompre la principale jouissance, le propriétaire répare, et la jouissance se continue sans interruption de payement.

189. Si les travaux de rétablissement et de ré-

paration ont nécessité un chômage de plus de quarante jours, le propriétaire doit les indemnités prescrites par les articles 170, 171 et 172 ci-dessus, attendu que les loyers n'ont cessé de courir à son profit.

Arbitrage.

190. (Art. 1005 du C. N.) Le compromis pour parvenir à l'arbitrage pourra être fait par procès-verbal devant les arbitres choisis, ou par acte devant notaire.

191. (Art. 1006.) Le compromis désignera les objets en litige et le nom des arbitres, à peine de nullité.

192. (Art. 1007.) Le compromis sera valable, encore qu'il ne fixe pas de délai ; et, en ce cas, la mission des arbitres ne durera que trois mois du jour du compromis.

193. (Art. 1008.) Pendant le délai de l'arbitrage, les arbitres ne pourront être révoqués que du consentement unanime des parties.

194. (Art. 1009.) Les parties et les arbitres suivront, dans la procédure, les délais et les

formes établis pour les tribunaux, si les parties n'en sont autrement convenues.

195. (Art. 1010.) Les parties pourront, lors et depuis le compromis, renoncer à l'appel.

Lorsque l'arbitrage sera sur appel ou sur requête civile, le jugement arbitral sera définitif et sans appel.

196. (Art. 1017.) En cas de partage, les arbitres autorisés à nommer un tiers seront tenus de le faire par la décision qui prononce le partage; s'ils ne peuvent en convenir, ils le déclareront sur le procès-verbal, et le tiers sera nommé par le président du tribunal qui doit ordonner l'exécution de la décision arbitrale.

Il sera, à cet effet, présenté requête par la partie la plus diligente. (Formule n° 28.)

Dans les deux cas, les arbitres, divisés d'opinion, seront tenus de rédiger leur avis distinct, soit dans le même procès-verbal, soit dans des procès-verbaux séparés.

197. (Art. 1018.) Le tiers-arbitre sera tenu de juger dans le mois du jour de son acceptation, à moins que le délai n'ait été prolongé par l'acte de nomination.

Il ne pourra prononcer qu'après avoir conféré avec les arbitres divisés, qui seront sommés de se réunir à cet effet.

Si tous les arbitres ne se réunissent pas, le tiers-arbitre prononcera seul ; et néanmoins il sera tenu de se conformer à l'un des avis des autres arbitres.

198. (Art. 1019.) Les arbitres et tiers-arbitre décideront d'après les règles du droit, à moins que le compromis ne leur donne pouvoir de prononcer comme amiables compositeurs.

Des ustensiles.

199. Le bail indiquera si les outils et ustensiles à l'usage du moulin doivent ou non faire partie de la prisée ; ou si, au contraire, le propriétaire ne sera aucunement tenu à fournir lesdits outils et ustensiles ; ou encore, si le locataire sera tenu à en payer la valeur à dire d'experts lors de son entrée en jouissance, et s'il sera autorisé à se la faire rembourser lors de sa sortie.

200. Le bail ne déterminant pas le nombre des

outils et ustensiles que doit prendre le locataire, quel que soit le mode de prisée, remboursable ou non, ce nombre sera ainsi réglé :

1° Vingt marteaux à rhabiller pour un moulin d'une seule paire de meules, et dix par chaque jeu de meules excédant;

2° Une brouette à sac par chaque plancher de l'usine, le sol étant compté pour un plancher ;

3° Une paire de balances ou une bascule pour un moulin de un à trois jeux de meules, et deux paires de balances ou bascules par moulin renfermant quatre jeux de meules et plus.

201. Chaque système de pesage emporte avec lui le nombre de poids qui lui est indispensable; c'est-à-dire 170 kilog. pour balance à farine, 130 kilog. pour balance à blé et 20 kilog. par bascule.

202. Toutes les clefs à écrous spécialement affectées aux machines; la règle-étalon dite régulateur, les règles à meules, l'indicateur de vitesse, la meule tournante à repasser les marteaux, une pointe de rechange et son pas destinée à chacun des arbres verticaux quel qu'il soit feront partie

intégrante de la prisée, à moins de convention contraire.

203. Tous objets de rechange, tels qu'engrenages, meules à moudre, aubes, coyaux, dents d'engrenages, boulons, cordages, bateaux, outils de pêche, et autres objets de ce genre, ne seront pas obligatoires; ils ne seront portés en prisée qu'autant que la convention sera formelle à cet égard.

Il en sera de même des mesures à grain, pelles, balais, grattoirs, déglaçoirs, masses, pinces, marteaux, tenailles, haches, alènes, emporte-pièces, cisailles, scies, tours, établis et tous outils dont la mise en prisée sera facultative ainsi que le rachat.

TROISIÈME PARTIE

FORMULAIRE

—o—

FORMULE N° 1ᵉʳ. — PÉTITION.

Demande en autorisation de construire.

A Monsieur le Préfet de Seine-et-Oise.

Monsieur le Préfet,

Désirant fonder dans la commune de V., sur la rivière qui la borde, ou la traverse, un moulin à farine d'une certaine importance susceptible de procurer quelques avantages aux habitants ;

L'autorisation étant laissée à votre prudence par le décret du 15 octobre 1810, j'ai l'honneur de vous en adresser la demande, et je joins à la présente le plan général du lieu, pour que vous puissiez juger et ordonner ce qu'il vous plaira.

J'ai l'honneur d'être,

Monsieur le Préfet,

avec le plus profond respect, votre serviteur,

Signature :

Date. *Nom, prénom, demeure.*

FORMULE N° 2.

Devis et marché.

Devis estimatif des objets nécessaires pour la construction du mécanisme d'un moulin à farine projeté par Monsieur L., propriétaire, demeurant à Longeau,

Par T., mécanicien à Paris.

Savoir :

1° Le mouvement de la vanne de décharge, composé de . . . .
2° Le mouvement de la vanne motrice composé de . . . .

3° La roue hydraulique de 6ᵐ 00, de diamètre (ainsi de suite).

(Et à la fin :)

Le tout sera fourni et posé pour la somme de huit mille francs.

Les pierres de taille propres à recevoir le gros mouvement, ainsi que celles portant le beffroi ; la charpente formant le plancher du beffroi, les meules, les soies de bluteries, les outils et ustensiles, ainsi que les ferrements nécessaires pour fixer les pierres et charpente ; toute la maçonnerie et les scellements restent à la charge du propriétaire, lequel sera aussi chargé de loger, éclairer et nourrir les ouvriers employés à la pose des machines.

Le transport de toutes les fournitures de M. T., de l'atelier au moulin, est à sa charge, ainsi que la pose.

Les parties contractantes conviennent, d'après quelques discussions d'intérêts, d'arrêter irrévocablement les chiffres des fournitures à faire par M. T., à la somme de huit mille francs, qui sera ainsi payée : deux mille francs lors de la livraison des machines, deux mille francs trois mois après la mise en marche de l'usine, deux autres mille francs trois mois après le second payement, et les deux derniers mille francs un an après la mise en activité des machines ; pendant ce temps, M. T. sera tenu de la garantie de ses objets pour tous vices de construction et défauts dans la matière.

Le délai de rigueur pour l'achèvement de la pose et la mise en mouvement de l'usine est fixé au 1er novembre prochain.

Fait en double et de bonne foi, à ... le ... mil huit... *(Signature.)*

FORMULE N° 3. — MACHINE A VAPEUR.

Marché relatif à l'entreprise d'une machine à vapeur.

Les soussignés :

M. L. F. Ch., propriétaire, demeurant à Paris, rue ... n° 7, d'une part ;

Et M. M. B., constructeur-mécanicien, demeurant aussi à Paris, rue ... n° 6, d'autre part ;

Ont arrêté ce qui suit :

M. Ch.... ayant une usine à faire mouvoir par

la vapeur, situé à F..., s'est adressé à M. B., lequel est allé sur les lieux prendre connaissance de l'usine, en relever les plans, prendre toutes les dimensions qui lui sont nécessaires et se bien pénétrer de l'importance de son entreprise. Aussitôt après M. B. a dressé son devis et l'a soumis à M. Ch. qui, après examen, l'a accepté.

M. B., connaissant les besoins du propriétaire d'une part, et d'autre part les besoins de l'usine qu'il a visitée à loisir, ayant reconnu tout ce qu'il y a à faire mouvoir, a declaré s'engager, comme de fait il s'engage, vis-à-vis de M. Ch., à lui fournir et poser à son usine de F. tous les objets, machines et accessoires dont le détail suit:

Fournitures.

1° Une machine horizontale, de la puissance de trente chevaux-vapeur, à deux cylindres, à moyenne pression et à condensation, garnie de tous ses appareils et objets accessoires, tels que régulateur d'un nouveau système, pompe alimentaire, tuyau d'échappement et tous autres objets, prévus ou imprévus, se rattachant à ladite machine.

Le volant, appliqué sur l'arbre excentrique ou à manivelle, fera quarante révolutions par minute; il aura un diamètre de cinq mètres cinquante centimètres, et sera d'un poids proportionné, afin de régulariser la marche et de dominer la vitesse des meules de l'établissement, auxquelles meules la machine est appelée à imprimer le mouvement de rotation.

Le dit volant portera un engrenage à dents de bois, de cinq mètres de diamètre, agissant sur un pignon à dents de fonte d'un mètre cinquante centimètres placé sur l'arbre de transmission de mouvement existant. Ces deux engrenages seront tournés et divisés, *et ils seront de force à* résister à l'impulsion donnée à l'ensemble des machines de l'établissement.

2° Un générateur à deux bouilleurs, en tôle, timbré à quatre atmosphères et demie représentant quarante-cinq mètres de surface de chauffe; ce qui, à raison de $1^m 30$ par cheval, donne trente-quatre chevaux-vapeur.

Ce générateur sera garni de soupapes, niveau

d'eau, manomètre, de toute la tuyauterie, de la robinetterie, de tous les conduits et enveloppes nécessaires pour éviter la déperdition de la vapeur, et de tous autres accessoires.

Construction.

3° La confection d'un fourneau pour recevoir le générateur, en briques de bonne qualité, le foyer et les carneaux en briques réfractaires, la grille, la bouche et la porte en fonte, avec tous les ferrements, registres, bouchons et outils nécessaires au foyer.

4° Faire dans le sol la fouille nécessaire pour loger le fourneau et pratiquer la fosse du chauffeur avec une descente; bâtir en moëllons, chaux et sable les murs de la fosse avec un crépi sur les parois apparentes; faire enfin tout ce qui est nécessaire, de manière que le propriétaire n'ait plus qu'à fournir le charbon pour obtenir des machine et générateur tous les effets promis.

5° Faire la fouille, construire les fondations, faire le conduit de fumée entre le fourneau et la cheminée, et aussi construire la cheminée en briques de bonne qualité, laquelle cheminée sera de forme ronde sur base carrée, et sera couronnée d'une pierre de taille et élevée à 30 mètres au-dessus du sol intérieur de l'usine.

Condition des eaux.

6° L'eau nécessaire pour l'alimentation du générateur sera prise dans le puits existant dans la propriété, situé à environ 50 mètres du fourneau, au moyen de la pompe alimentaire dépendant de la machine; et l'eau sortant du condensateur sera rendue sur un ruisseau que fera, à ses frais, établir le propriétaire, lequel reste chargé de l'issue des eaux.

7° La construction d'un bâtiment à deux égouts ou en appentis, élevé sur poteaux en bois, cloisonné en briques de champ enduites en plâtre, et couvert en ardoises ou en zinc sur comble en bois blanc ou sapin. Le tout sera élevé sur fondations en moëllons et mortier de chaux. Ce bâtiment sera clos de portes et éclairé de croisées et de châssis en tabatière au besoin.

Conditions générales.

8° Toutes les fournitures en général seront de bonne qualité et faites en bonnes matières; tous les matériaux propres aux travaux susindiqués, ainsi que les pierres de taille destinées à recevoir les machines, sont et demeurent à la charge de M. B., qui est également tenu à leur transport et à leur emploi.

9° De condition expresse, les parties conviennent que tout ce qui fait partie de l'entreprise de M. B. sera soumis au contrôle, à la vérification et à la réception de M. F., que les parties connaissent, et aux lumières et à l'intégrité duquel elles déclarent s'en rapporter, renonçant à contester son jugement.

Garantie.

10° M. B. s'engage à exécuter ponctuellement toutes ses fournitures et à faire tous les travaux qui s'y rattachent, de manière que les machines de son fait fonctionnent parfaitement; desquelles machines il demeure garant et responsable pendant un an à partir du jour de la mise en mouvement régulier, fixée à la fin de novembre prochain, terme de rigueur, à peine d'être passible de dix francs par chaque jour de retard, à titre de dommages-intérêts imputables sur le premier payement.

Obligations du propriétaire.

M. Ch., de son côté, accepte toutes les conditions susmentionnées.

Il abandonne à M. B. tous les matériaux qui se trouvent sur le lieu de l'établissement de ses machines, à la charge par lui, M. B, de les réemployer comme il le jugera convenable, mais sans pouvoir les emporter.

Il consent aussi à payer la somme ci-après fixée pour prix des fournitures et des travaux faisant l'objet de l'entreprise de M. B., de la manière et dans les détails ci-après exprimés.

Prix.

Le prix de toutes les fournitures, travaux, transport et main d'œuvre relatifs à l'entreprise de M. B. est fixé à la somme de trente mille francs qui seront payés et réglés ainsi qu'il suit :

Dix mille francs lors de la livraison des machines et accessoires ;

Dix mille francs trois mois après la mise en marche de l'usine ;

Et dix mille francs à l'expiration du délai fixé pour la garantie des machines, le tout sans intérêts.

Les présentes conventions ont été ainsi faites et dressées par les parties, pour être exécutées de bonne foi.

Fait double à ... le ... mil huit ...

FORMULE N° 4.

Contrat régulier.

Les soussignés,

Monsieur Et. Lucas, propriétaire, demeurant à S.   , d'une part ;

Et M. L. B., constructeur-mécanicien, demeurant à Paris,   , d'autre part ;

Sont convenus de ce qui suit :

M. L., possédant un moulin hydraulique situé à T., dans lequel il a l'intention de faire monter un nouveau mécanisme en remplacement de l'ancien, s'est adressé à M. B., susnommé, lequel est allé prendre connaissance de l'usine, en relever le plan et prendre toutes les dimensions principales, afin d'établir son devis estimatif; ce qu'il a fait et présenté à M. L., lequel, après examen et mûre réflexion, l'a accepté et approuvé à la date de ce jour.

M. B., connaissant les besoins du propriétaire d'une part, et d'autre part les besoins de l'usine, pour en avoir fait l'étude, en avoir conçu les plans et dressé le devis dont est question, s'engage vis-à-vis de M. L. à lui fournir et poser à son moulin de T. tous les objets compris et détaillés audit devis, de manière à mettre le moulin en mouvement le vingt septembre prochain, terme de rigueur, à peine d'être, M. B., passible d'une somme de trente francs à titre d'indemnité par chaque jour de retard légalement constaté ou non contesté.

Les transports, en général, ainsi que la pose

de toutes les machines, leurs accessoires et tous autres frais, sont et demeurent à la charge de M. B., comme conséquence de son entreprise; de même qu'il s'oblige à compléter tous les objets dont quelques détails auraient été omis ou imprévus.

Garantie.

M. B. est garant et responsable de tous vices de construction provenant de son fait et de tous les défauts dans les matières qui composeront les objets par lui fournis, le tout pendant un an, à partir du jour de la mise en mouvement de l'usine; il est bien entendu qu'il ne sera pas tenu des accidents provenant du fait, soit du propriétaire, soit de ses locataires ou employés, pendant le délai de garantie susfixé.

Obligations du propriétaire.

M. L. s'oblige de son côté à livrer les lieux à M. B. au plus tard le   prochain, afin que celui-ci n'éprouve aucun retard dans la disposition et la pose des objets composant le mécanisme dont il est chargé.

Et pour le cas où M. L. ne pourrait livrer le moulin libre d'encombres à l'époque dite, il dégagerait par cela même M. B. de l'engagement qu'a pris ce dernier de la mise en mouvement de l'usine, pour le vingt septembre prochain.

M. L. reste chargé de la fourniture des pierres de taille qui doivent porter les machines, de toute la maçonnerie, de la charpente du beffroi, de tous les scellements, de la fourniture et du montage des meules sur le plancher destiné à les recevoir, de tous les ferrements et autres matériaux et objets non prévus au devis de M. B.

Prix.

Le tout est consenti moyennant la somme de dix mille francs que M. L. s'oblige et s'engage à payer à M. B. en trois payements, savoir :

Le premier, de trois mille francs, aussitôt le moulin mis en mouvement régulier ;

Le second, de pareille somme, de trois mille francs, quatre mois après le premier ;

Et le troisième, de quatre mille francs, formant le complément, le jour de l'expiration du délai de la garantie fixé à un an du jour de la mise en marche de l'usine : le tout sans intérêts.

Le tout a été fait et dressé pour être exécuté de bonne foi par les parties contractantes.

Fait double à ... le ... mil huit ...

(*Signatures.*)

FORMULE N° 5.

Arbitrage par suite de difficultés.

Par conventions verbales survenues entre M. L..., propriétaire du moulin de..., demeurant à Saint-L..., d'une part; et d'autre part, M. B..., constructeur-mécanicien, demeurant à Vautour;

M. B... s'est engagé vis-à-vis de M. L... à lui fournir et poser toutes les machines, mécaniques et accessoires de son moulin de..., ainsi que la roue hydraulique, les vannes, etc., le tout conformément à un devis contenant le détail des objets à fournir, et de manière que l'ensemble des machines fût posé, achevé et prêt à mouvoir le premier octobre mil huit cent soixante, sous peine d'être passible d'une indemnité de vingt-cinq francs par chaque jour de retard.

Le premier octobre arrivé, les machines n'étant pas achevées de poser, M. L., propriétaire, se croyant autorisé par ses conventions à se plaindre, des difficultés sont survenues à cet égard entre les parties intéressées.

Les parties, ne pouvant s'entendre à ce sujet, ont d'un commun accord soumis leurs différends à arbitres.

À cet effet, les parties nomment : 1° M. Alexandre, mécanicien, demeurant à S...; 2° M. Meunier, ingénieur à Santander (Espagne); 3° et M. Nicolas, ingénieur à Madrid, auxquels elles confèrent la mission d'arbitres.

Les parties entendent constituer MM. Alexandre, Meunier et Nicolas, en un tribunal arbitral; elles les autorisent à juger, d'abord selon les règles du droit, et ensuite selon les règles de l'équité naturelle, pour tout ce qui ne serait pas prévu par la loi.

Les arbitres sont dispensés du serment ainsi que de toutes autres formalités judiciaires; ils dresseront leur sentence en double, qu'ils remettront aux parties contre le payement de leurs honoraires et déboursés, déclarant lesdites parties s'en rapporter à leur décision et renonçant à l'appel et à tout recours en cassation.

Les arbitres auront :

1° A se prononcer sur la question de savoir de *qui provient la faute*, le mécanisme n'étant pas, comme il devait l'être, achevé et prêt à mouvoir à l'époque prévue par la convention.

2° Ils établiront dans quelle proportion les torts doivent être imputés, soit au propriétaire, soit au constructeur.

3° Dans l'un ou l'autre cas, ils fixeront les indemnités dues par l'une ou par l'autre des parties, l'une envers l'autre.

4° Et en cas de préjudices graves, reconnus et déclarés par eux, ils statueront sur les dommages et intérêts qu'ils jugeront alors être dus à cet égard.

5° Ils décideront aussi dans quelle proportion, *et par qui*, les frais de l'arbitrage et tous autres devront être supportés.

Et de tout feront justice.

Fait double à..., le..., mil... (*Signatures.*)

Tribunal arbitral.

Nous, arbitres susdits et soussignés, après avoir accepté la mission qui nous est confiée par le compromis qui précède, et après nous être constitués en tribunal arbitral,

Avons procédé ainsi qu'il suit, savoir :

1° Nous nous sommes livrés à la lecture et à l'étude des conventions intervenues entre les parties intéressées, desquelles il nous a été remis une copie originale.

2° Nous avons prié les parties de nous faire leurs dires et observations respectifs, ce qu'elles ont fait séance tenante.

3° Nous nous sommes rendus dans le moulin destiné à recevoir l'ensemble du mécanisme composant l'entreprise de M. B., constructeur-mécanicien.

4° Nous avons appelé l'attention de M. L., propriétaire, sur l'allégation faite par le constructeur, qui dit avoir été en mesure de terminer la pose de son mécanisme à l'époque convenue, et que s'il en est autrement, c'est la faute du propriétaire : les travaux d'appropriation mis à la charge de ce dernier devant être terminés avant la pose dudit mécanisme, et ne l'ayant été que très-tardivement.

5° Nous avons pris sur ce point contesté tous les renseignements nécessaires près de plusieurs personnes ; entre autres, MM. tel et tel, qui n'ont jamais quitté les lieux où s'exécutaient les travaux auxquels le propriétaire seul était tenu.

6° Après nous être bien enquis et bien pénétrés de tout ce qui s'était passé sur les lieux de la pose du mécanisme encore inachevée.

7° Nous avons consulté la loi relative aux questions qui nous sont soumises, et nous y avons rencontré ceci :

« Art. 8. Après ses marchés arrêtés, le pro-
« priétaire doit faire toutes les approches de
« matériaux qu'il s'est engagé à fournir à pied-
« d'œuvre.

« Il doit employer tous les moyens qui sont en
« son pouvoir pour faciliter les constructions de
« toute nature.

« Il doit presser l'édification du bâtiment de
« l'usine, et faire exécuter les travaux prépara-

« toires à la pose des machines, afin de n'ap-
« porter aucun retard dans l'exécution de ses
« conventions avec le mécanicien.

« Il doit faire en sorte que l'approche des ma-
« chines et leur pose aient lieu sans encombre,
« et se fassent sans danger et avec toute la faci-
« lité possible. »

« Art. 9. C'est au propriétaire à prévenir
« toutes les difficultés, et à lever toutes celles
« qui s'élèveraient dans le cours des travaux,
« soit avec l'autorité locale ou supérieure pour
« toute chose qui ne s'exécuterait pas selon ses
« prescriptions. C'est, en un mot, au proprié-
« taire chargé de livrer les lieux, à lever tous
« les obstacles qui auraient pour but l'empêche-
« ment ou la suspension des travaux. »

Conclusions.

Nous, arbitres susdits,

Attendu qu'il résulte des renseignements pris, sur les lieux de la construction du bâtiment de l'usine et des travaux préparatoires à la pose des machines, que le bâtiment était à peine couvert à telle époque et que les travaux préparatoires à *la pose* des machines, à cette même époque, n'étaient pas plus avancés;

Attendu qu'à l'époque ci-dessus dite, il ne restait plus assez de temps au mécanicien pour opérer la pose générale de ses objets, jusqu'à l'époque prévue;

Attendu que le mécanicien, de son côté, a négligé de mettre le propriétaire en demeure de lui livrer les lieux en temps utile, et de manière à ce qu'il lui restât, pour atteindre le délai prévu, tout le temps nécessaire à la pose;

Attendu qu'il résulte des renseignements recueillis près de MM. tel et tel, qui n'ont fait aucune absence des lieux où s'exécutaient les travaux, qu'à partir de l'époque à laquelle les lieux ont été livrés au mécanicien, celui-ci a mis tout l'empressement possible dans la pose et par conséquent dans l'achèvement de ses travaux;

Attendu qu'il est constant que le propriétaire s'est mis dans la position de faire éprouver un retard au mécanicien dans le commencement de la pose de ses objets, les pierres propres à recevoir le gros mouvement n'étant pas posées en temps utile, et le bâtiment étant incomplétement couvert;

Attendu que le propriétaire, aux termes des articles 8 et 9 de la jurisprudence relative aux usines, est tenu de tout préparer, de tout prévoir, de faciliter tous les travaux, toutes les approches, par tous les moyens qui sont en son pouvoir;

Et que, vis-à-vis des travaux prévus pour la pose des machines, il a manqué à ses devoirs;

Jugement arbitral.

Sommes d'avis unanime de répondre catégoriquement aux questions qui nous sont soumises, de la manière qui suit :

1° La faute du retard reproché est attribuée au propriétaire;

2° Tous les torts sont imputés au propriétaire, si ce n'est celui du défaut de mise en demeure de la part du mécanicien.

La faute commise par le mécanicien peut être tolérée, par la raison qu'il a pu penser que le propriétaire, de la part duquel vient le retard, négligerait de demander l'indemnité prévue, au délai expiré;

3° Déclarons qu'il n'y a pas lieu à allouer d'indemnités à qui que ce soit, le propriétaire s'étant mis dans la position de perdre ses droits;

4° Déclarons, en outre, qu'il n'y a pour aucun des intéressés de préjudice grave, et qu'il n'y a pas lieu à des dommages et intérêts;

5° Décidons que, attendu le peu de tort imputé au mécanicien, et le plus grand tort attribué au propriétaire, celui-ci payera les deux tiers des frais de l'arbitrage, et le mécanicien l'autre tiers.

Ainsi finit notre mission et se termine notre sentence que nous avons faite en double et signée.

A Saint-Ouen, le ... mil huit ...

(Signatures.)

FORMULE N° 6.

Arbitrage sur autres difficultés.

Par devant nous,

Pierre P..., ingénieur, demeurant à S..., et Louis Nicolas, mécanicien à Bar,

Sont comparus :

1° M. Etienne Félix, propriétaire, demeurant à ...   , d'une part;

2° Et M. Stanislas père, meunier, demeurant à ..., d'autre part;

Lesquels nous ont exposé que, par compromis en date du ... mil huit cent ..., ils nous avaient nommés arbitres et juges, à l'effet de nous prononcer sur les questions et les points litigieux qui les divisent, lesquels sont :

<blockquote>(Énumérer les questions et les points sur lesquels les experts ou arbitres auront à se prononcer.)</blockquote>

Aussitôt notre mission acceptée :

1° Nous avons prié les parties intéressées de nous déposer toutes les pièces et titres relatifs à l'opération pour laquelle nous sommes appelés.

2° Nous avons engagé lesdites parties à nous faire, soit par écrit, soit de vive voix, tous les dires et observations qu'elles jugeraient convenable dans l'intérêt de la cause.

3° Nous nous sommes ensuite rendus sur les lieux litigieux, assistés des parties; là, nous avons pris toutes les notes et recueilli tous les renseignements propres à nous éclairer, après quoi nous nous sommes retirés pour en conférer ensemble.

Sur le point de conclure,

Nous avons été d'avis différents, et voici l'opinion de chacun de nous :

L'un est d'avis que, eu égard à tel ou tel motif...

Et l'autre est de tel avis, en raison de tel cas, telle circonstance...

Dans cette position,

Attendu que le compromis susrelaté nous confère les pouvoirs de nous adjoindre un tiers en cas de partage d'avis;

Nous avons reconnu la nécessité d'appeler un tiers-arbitre, dans la personne de M. Alexis, architecte, demeurant à...

Fait à P..., le... janvier mil huit...

(*Signatures des parties et des arbitres.*)

Tiers-arbitrage.

Je, soussigné, Alexis, architecte, demeurant à P.,

Pardevant moi sont comparus : Messieurs P., ingénieur, demeurant à S..., et Louis Nicolas, mécanicien à Bar;

Lesquels m'ont exposé qu'en vertu d'un compromis, en date du ... mil huit, ils ont été nommés arbitres et juges à l'effet de ... (répéter les chefs de la mission);

Et que, par procès-verbal en date du ... dernier, n'ayant pu s'entendre ensemble, et étant divisés d'opinion, ils m'avaient nommé tiers-arbitre, y étant autorisés ;

Et qu'alors ils m'avaient prié de leur donner un rendez-vous sur les lieux afin de voir et visiter les objets en litige.

A cet effet, nous nous sommes rendus tous trois sur les lieux, où nous avons trouvé les parties intéressées, en présence desquelles nous avons ouvert le présent procès-verbal de tiers-arbitrage, qu'elles ont signé avec nous après la lecture.

A P..., le ... février mil huit... .(*Signatures.*)

Sentence.

Et le même jour que dessus, j'ai procédé à l'examen, à la lecture et à l'étude des pièces qui m'ont été communiquées par mes collègues.

J'ai ensuite prié les parties de m'exposer leurs dires et observations respectifs, et aussitôt me suis rendu devant les objets à examiner.

J'ai examiné les divers points et questions à résoudre, et après en avoir conféré avec les deux arbitres, conformément au vœu de la loi :

Attendu que tel...,

Vu telle et telle chose...,

Et attendu telle considération,

Mon avis est de me ranger à l'opinion de M. Nicolas.

En conséquence suis d'avis qu'il en soit ainsi ordonné.

(Expliquer l'opinion de M. Nicolas.)

Fait et dressé en deux originaux, dont un pour chacune des parties, en leur présence et assisté des deux premiers arbitres.

A tel endroit, le 20 février mil huit...

(*Signatures.*)

FORMULE N° 7.

Autre formule d'arbitrage.

L'an mil huit cent... le 2 juillet,

Nous, Pierre Bon, ingénieur à Villeneuve, et Louis Marie, aussi ingénieur à Santon ;

Obtempérant à la demande qui nous a été adressée par les parties intéressées dont les noms suivent :

1° Monsieur Ét. Félix, propriétaire à Baulieu, d'une part ;

2° Et Monsieur Satanas, usinier, demeurant à Bourbon, d'autre part ;

A l'effet de constater, voir, examiner et juger diverses questions et plusieurs points qui les divisent, lesquels sont :

M. Satanas prétend être fondé à apporter dans le moulin qu'il exploite, appartenant à M. Félix, divers changements et améliorations, dans le but d'augmenter le nombre des machines dudit moulin, qui sont, dit-il, incomplètes et en nombre insuffisant.

Cette intention exposée à M. Félix, propriétaire, a été l'objet d'un refus formel, suivi du motif que les changements et améliorations projetés par M. Satanas n'étaient que de pure fantaisie et de nulle utilité.

Il s'agit donc pour nous, arbitres, de décider si la prétention de M. Satanas est ou non fondée, et, selon la circonstance, juger et ordonner.

FORMULAIRE. 205

Pour y parvenir, Messieurs Félix et Satanas déclarent nous constituer leurs arbitres et souverains juges des difficultés susindiquées ; ils nous donnent à cet égard les pouvoirs les plus étendus ; ils nous dispensent des formes et délais de la procédure, et ils déclarent renoncer à l'appel et à aucun recours.

Ils nous autorisent également à nous adjoindre un tiers-arbitre en cas d'avis différents.

Ils entendent et veulent que les points qui les divisent soient jugés suivant les règles du droit, et aussi selon les règles de l'équité naturelle ; seulement, pour tout ce qui ne serait pas prévu par la loi, ils demandent que les arbitres disent à l'appui de leur jugement les causes, les motifs qui les ont déterminés dans leur opinion.

La sentence arbitrale sera dressée en double, dont un original pour chacune des parties.

De tout ce qui précède, nous avons donné acte aux parties présentes, lesquelles ont déclaré que c'est bien là tout ce qu'elles entendaient confier aux arbitres, et ont avec nous signé.

Fait en double à ... les mêmes jours, mois et an que dessus. (*Signatures.*)

Examen des pièces.

Nous, arbitres susnommés et soussignés, aussitôt notre mission acceptée ;

Nous avons prié les parties intéressées de nous remettre toutes les pièces qu'elles jugeraient nécessaires, relatives à l'opération dont s'agit, notamment le bail contenant les conventions survenues entre elles.

Aussitôt la remise des pièces, nous les avons étudiées et nous avons engagé ces Messieurs à nous exposer leurs observations et dires respectifs.

Nous nous sommes rendus ensuite dans le moulin de M. Félix, accompagnés des intéressés, et là nous les avons priés de s'expliquer de nouveau, l'un sur les besoins qu'il éprouve d'introduire de nouvelles machines, l'autre sur la prétendue inutilité de ces mêmes machines.

Après leurs explications terminées et les motifs de chacun donnés à l'appui de sa prétention :

Nous avons, séance tenante, visité le moulin dans son ensemble ; nous avons fait toutes les recherches propres à nous éclairer d'abord, et ensuite à nous fixer sur la question d'admettre ou rejeter tout ou partie des additions projetées par le locataire, après quoi nous nous sommes retirés.

Et attendu qu'il est six heures du soir, nous ajournons la suite de notre opération au dix-huit courant, dans le cabinet de M. Bon, l'un de nous, et avons signé cette première partie de notre travail.

A ... le ... mil huit cent ...

(*Signatures des arbitres.*)

Appréciation des faits.

Et ledit jour, dix-huit ... mil huit cent ...,

Nous, arbitres susdits, réunis conformément à l'ajournement pris dans la précédente séance, dans le cabinet de M. Bon, l'un de nous;

Nous avons de nouveau fait la révision des pièces, notamment du bail et aussi des notes prises sur les lieux, et après avoir eu tel égard que de raison aux explications respectives des parties, nous avons fixé notre opinion et nous concluons dans ce sens :

Attendu qu'il résulte des termes du bail contenant les conventions intervenues entre MM. Félix et Satanas, en date du ... ;

Que l'autorisation formelle a été donnée au locataire, M. Satanas, d'introduire dans le moulin faisant l'objet principal de sa location qu'il tient de M. Félix, propriétaire, à savoir :

1° « Tels changements et modifications qu'il
« jugerait convenable, tant au gros mouvement
« qu'aux meules, bluteries et nettoyage ; à la
« condition que ces changements et modifica-
« tions seraient de nature, soit à compléter ce
« qui existe, soit à remplacer l'un ou l'autre des
« objets existants ou à en augmenter le nombre.

2° « Dans tous les cas le propriétaire en sera
« prévenu ; il lui sera donné connaissance, par
« un état explicatif et détaillé, des changements
« projetés, et d'après l'examen qu'il en aura fait,
« il donnera son adhésion par écrit ou son refus
« motivé. »

Attendu que les conventions ci-dessus relatées n'impliquent au propriétaire le droit de s'opposer à ce dont il a donné son autorisation ;

Attendu que les conventions des parties permettent dans beaucoup de cas ce qu'elles ne défendent pas d'une manière positive ;

Attendu qu'il résulte que les changements et améliorations en question sont de nature à compléter les objets existants et à en augmenter le nombre, dans une proportion acceptable et en rapport avec les progrès survenus ;

Vu le refus du propriétaire relatif aux changements et améliorations projetés par son locataire ;

Vu le consentement des parties de faire juger leurs différends, ce qui prouve que le propriétaire ne se reconnaissait pas le droit de s'opposer à ce que le projet fût mis à exécution, mais qu'il entendait bien que la question d'exécution fût soumise à l'appréciation de gens compétents, pour le cas où le locataire persisterait dans ses prétentions ;

Jugement.

Nous sommes d'avis unanime :

Que M. Satanas, locataire de l'usine de M. Félix, était fondé à vouloir introduire, dans ledit moulin qu'il exploite, tous les divers objets contenus dans son projet et relatés dans l'état soumis à M. Félix, son propriétaire; à l'exception toutefois d'une trémie suivie d'un distributeur et d'un élévateur que nous jugeons superflus.

Nous sommes d'avis aussi, pour le cas où nous serions consultés sur la question des frais, que M. Félix supporte les cinq sixièmes et M. Satanas l'autre sixième de la totalité.

Fait et dressé en double, dont un pour chacune des parties intéressées, lesquelles ont avec nous signé, lecture faite.

A... le... mil huit cent...

(*Signatures.*)

FORMULE N° 8.

Décharge relative à des économies.

Je, soussigné, F., propriétaire, demeurant à Issy,

Déclare vouloir apporter quelques changements dans la composition de l'ensemble des machines de mon moulin de T..., en cours d'exécution par M. Th. qui en est le constructeur.

Ayant soumis à M. Th. les moyens d'apporter quelques économies dans le mécanisme de mon moulin, il a répondu qu'il était de son devoir de suivre son devis et son marché, desquels il est garant et responsable; qu'il ne lui convenait pas d'apporter à aucun des objets une modification tendant surtout à en diminuer la solidité; que, cependant, et seulement dans le but de satisfaire à mes désirs, il consentait : 1° à supprimer de son devis tel objet; 2° à diminuer le poids du gros engrenage moteur de cent kilogrammes, tout en le maintenant du même diamètre; 3° à réduire aussi le poids du pignon dudit moteur dans la proportion d'un sixième; 4° à supprimer à la roue hydraulique les boulons servant de chaînes aux coyaux; 5° et enfin à supprimer complétement la bluterie à brosse et ses accessoires.

Le tout faisant l'objet d'une économie de mille francs, que M. Th. consent à diminuer de son marché, à la condition que je le dégage de la responsabilité concernant la solidité de la roue hydraulique, du gros engrenage moteur et de son pignon; lui déclarant que dans le cas où lesdits objets viendraient à manquer, il serait déchargé de la responsabilité, comme de fait je l'en dégage.

Fait à ... le ... mil ...   (*Signature*.)

FORMULE N° 9.

Décharge pour défaut de solidité.

Je, soussigné, F., propriétaire, demeurant à Saint-Just,

Sur la persistance que met M. Th., mon constructeur-mécanicien, chargé de la fourniture et de la pose du mécanisme de mon moulin des eaux, à vouloir me faire consolider les pierres que j'ai fait poser pour recevoir les principaux axes et principaux objets du gros mouvement;

Je lui soutiens que la solidité qu'il demande dans la pose de ces pierres est superflue et de pure exigence de sa part;

A quoi il répond qu'il est responsable du défaut de solidité de ces pierres quoique fournies par moi, qu'il ne posera ses machines dessus que lorsqu'il en reconnaîtra l'immuabilité complète, à moins que je ne consente à le dégager de la responsabilité qui pèse sur lui à cet égard.

Convaincu de l'immuabilité des pierres en question et de la solidité des maçonneries qui les environnent et les supportent, je ne crains pas de dégager M. Th. de toute responsabilité à l'égard desdites pierres seulement, et de fait je l'en décharge.

Fait, dressé et signé de ma main, à ... le ... mil huit ...

(*Signature.*)

FORMULE N° 10.

Autre décharge.

Je, soussigné, Jean-Louis B., propriétaire, demeurant à ...

Désirant dans la construction du mécanisme de mon moulin, situé à Véronne, introduire, en même temps que les objets dont M. Th. est chargé par son devis et son marché, une bluterie en plus, avec un élévateur et un distributeur surmonté d'une trémie, j'en ai fait la commande à M. Th., lequel m'a répondu qu'il consentait à faire et poser dans mon moulin les nouveaux objets susdésignés, mais qu'il n'entendait pas être tenu : à livrer et parachever tous les travaux de son entreprise, et surtout les derniers objets que je voulais joindre à ceux primitivement prévus, pour l'époque indiquée dans mon marché ; et il n'a consenti à se charger de ces nouveaux objets, qu'à la condition qu'il lui soit accordé un nouveau délai.

C'est à cet effet que je viens dégager M. Th. de l'obligation qu'il a prise de livrer le moulin en état de mouvoir complétement, pour le vingt mai prochain ; je reconnais que le surchargeant de travaux, il ne peut être tenu à l'engagement sérieux qu'il avait pris vis-à-vis de moi de faire mouvoir ledit moulin pour l'époque prévue.

Aussi je l'en acquitte et décharge.

Fait, écrit et signé de ma main, à ... le ... mil ...

(Signature.)

FORMULE N° 11.

Exposé d'un fait relatif aux cassures.

Nous croyons devoir mettre sous les yeux de nos lecteurs une circonstance qui s'est passée devant nous, laquelle peut être donnée comme exemple des objets cassés pendant le délai de la garantie due par le mécanicien.

En mars 1858, dans une des usines de M. Ch., propriétaire, exploitant ses propres moulins situés dans l'Yonne, deux engrenages importants furent cassés pendant le temps prévu pour la garantie donnée par le mécanicien.

L'un était le premier engrenage moteur placé sur l'arbre de la roue hydraulique.

L'autre était le grand engrenage commandant les pignons de meules.

Leur rupture, arrivée à des moments différents, fut l'objet de difficultés soumises à arbitres.

Nous fûmes trois arbitres chargés d'apprécier les causes des accidents survenus.

Étant sur les lieux, nous nous rendîmes

compte des effets qui avaient pu déterminer les accidents, et au moyen de renseignements recueillis, nous fûmes convaincus, savoir :

1° Que le premier gros engrenage embrayait de fond dans son pignon, que cet excès de croisement des dents ne permettait ni à l'un ni à l'autre des deux dits engrenages de se retirer l'un de l'autre, qu'au moyen d'efforts inouïs ; que la faute ne pouvait être attribuée qu'au constructeur-mécanicien chargé de la pose de ces objets, lequel avait mal observé la distance des deux axes des arbres portant ces engrenages ;

2° Qu'indépendamment de ce défaut bien constaté, les pierres portant les axes desdits arbres manquaient de solidité : ces pierres ne présentant pas une immuabilité complète, ce qui venait encore ajouter à la responsabilité du mécanicien (art. 62 de la législation), quoiqu'il ne fût pas le fournisseur des pierres en question ; mais il en avait déterminé les dimensions, et il devait en outre, selon nous, avant d'y asseoir ses machines, s'assurer si ces pierres présentait toute la solidité, toute l'immuabilité qu'elles réclamaient ; et, dans la circonstance, obliger le propriétaire à faire les travaux nécessaires à leur consolidation.

Nous fûmes donc d'avis unanime de condamner le constructeur-mécanicien au remplacement immédiat dudit gros engrenage, son pignon ayant parfaitement résisté.

Ce remplacement emportait avec lui le transport et la pose, et même le chômage; mais attendu que le propriétaire, de son côté, n'avait pas complétement satisfait aux prescriptions du mécanicien sous le rapport des dimensions et de la consolidation desdites pierres, nous mîmes le chômage à sa charge et le mécanicien en fut déchargé.

3° Quant à la roue droite commandant les pignons de meules, nous apprîmes de source certaine que la cassure qu'elle avait subie venait d'un accident indépendant de la volonté des employés de l'usine; ce qui nous détermina à faire supporter toute la perte au propriétaire exploitant son usine.

C'est dans ce sens que fut rendue notre sentence arbitrale; les frais d'arbitrage furent répartis dans la proportion des torts attribués à chacun des intéressés, et là se termina l'affaire.

Quelques mois après ces accidents, en survint un autre; mais alors l'époque de la garantie prévue par la convention était expirée.

Le nouveau gros engrenage apporté par le mécanicien, en remplacement du premier, casse; il fallait un nouveau remplacement.

De nouvelles difficultés s'engagent sur la question de savoir si le constructeur devait encore être appelé à y prendre part, si le remplacement de ce second engrenage devait incomber encore une fois à la charge du mécanicien, et si le remplacement récent d'un objet quelconque emportait avec lui la garantie prévue de prime-abord par la convention ;

Si cette garantie devait avoir ses effets à l'égard de l'objet récemment apporté, et la même durée qu'elle avait eue primitivement pour l'ensemble.

Les trois mêmes arbitres furent appelés à répondre à ces questions, et sur les renseignements qui leur furent fournis, ils répondirent négativement ceci :

1° Que la garantie offerte par le mécanicien et

acceptée par le propriétaire devait cesser à l'expiration du délai prévu au marché, et que cette garantie ne devait se prolonger davantage, même à l'égard d'objets récemment posés en remplacement de ceux cassés, quel que fût l'auteur de l'accident.

Ce dernier avis fut (nous le pensons) confirmé par le tribunal de Sens (Yonne).

FORMULE N° 12.

Bail d'un moulin.

Pardevant M^e... et son collègue, notaires à..., soussignés,

Ont comparu : (s'il est fait devant notaire et s'il est fait sous signatures privées, en voici le texte :)

Entre les soussignés :

M. L. F. Arm..., propriétaire, demeurant à Paris, rue de..., n° 1,   d'une part;

Et M. P. D. Bén..., meunier, et Adélaïde Cec..., son épouse, de lui autorisée à l'effet des présentes, demeurant ensemble dans la commune de B..., d'autre part;

A été convenu à titre de bail ce qui suit :

M. Arm. fait par ces présentes bail et donne à loyer à M. et madame Bén., qui l'acceptent, pour en jouir eux et leur famille, pendant tout le temps ci-après fixé :

Objet du bail.

Le moulin de Chamb., situé sur la rivière de D..., commune de D..., avec ses bâtiments, cour, jardin, prés et terres en dépendant; ensemble le mécanisme dudit moulin composé d'une roue hydraulique, de vannes, râteliers, gros mouvement, beffroi en pierre, fonte et bois; six jeux de meules, leurs machines et accessoires, bluteries et nettoyages, le tout complet de mouvements, clôtures, accessoires et ustensiles en dépendant ou s'y rattachant, sans exception ni réserve;

Le tout, et ainsi que le moulin et ses dépendances se poursuivent et comportent, et que les preneurs déclarent bien connaître pour les avoir vus et visités, et en être satisfaits;

Durée du bail :

Pour, par les preneurs, en jouir, et la location avoir ses effets pendant neuf ou douze années consécutives, au choix respectif des parties, en s'avertissant réciproquement six mois avant l'expiration de la première période de neuf ans.

La jouissance commencera à courir le vingt-quatre juin prochain (1860); elle finira à pareille date de l'année mil huit cent soixante-neuf, quant à la première période; et mil huit cent soixante-douze, quant à la seconde.

Conditions relatives au mécanisme :

1° Le récepteur hydraulique, les vannes motrice et de décharge, le gros mouvement, toutes les autres machines et accessoires, garnissant le moulin et composant ce que l'on nomme la prisée, seront livrés par le bailleur aux preneurs, dans un bon état d'entretien et de marche; de sorte que les preneurs puissent jouir de tous les objets, selon chacun son usage, sans, à leur entrée en jouissance, avoir besoin de faire de réparations immédiates ni prochaines (réparations à faire dans les six premiers mois);

2° Ou bien, les mécanisme, machines et accessoires seront livrés par le bailleur aux preneurs, dans l'état où ils se trouveront lors de leur entrée en jouissance, et les réparations, s'il en existe, seront à la charge des preneurs.

3° Les preneurs seront, ensuite, tenus pendant tout le cours de leur jouissance d'entretenir lesdits objets et de renouveler ceux qui viendraient à manquer, quelle qu'en soit la cause et de quelque importance qu'ils soient;

Le tout, de manière à rendre tous les objets qui leur ont été confiés dans le même état et de même valeur qu'ils les ont reçus.

Mode de prisée :

Pour constater l'état dans lequel se trouveront les objets de la prisée, il sera, lors de l'entrée en jouissance des preneurs, dressé un état détaillé des objets qui composent la prisée, avec estimation donnée à chacun des articles, afin de pouvoir reconnaître lesdits objets par leur détail, leur état et leur valeur.

Cet état comprendra tous les accessoires, ustensiles et outils à l'usage du moulin ;

Ou bien : Cet état ne comprendra pas les brouettes, pelles, balais, mesures à grain, bascule, balances, ni aucuns outils, si ce n'est les clés à écrou dépendant des machines et autres objets s'y rattachant ;

Ou bien : Le moulin étant monté à neuf, il n'y existe aucun ustensile ni outil ; les preneurs en feront l'acquisition, ces objets leur appartiendront et ils ne seront pas tenus de les laisser fin de leur jouissance ;

Ou bien encore : Tous les objets dénommés sous le titre d'ustensiles et outils seront estimés par les experts et payés au bailleur par les locataires, et la valeur sera remboursée aux preneurs, fin de leur jouissance, toujours à dire d'expert.

Une seconde expertise aura lieu à la fin de la jouissance des preneurs, après toutefois avoir fait auxdits objets toutes les réparations d'entretien et de renouvellement dont ils auraient besoin, de manière que le propriétaire, ou nouveau locataire le représentant, soit à son tour exempt de réparations immédiates ou prochaines (six mois), et de telle sorte que le nouveau locataire puisse jouir du moulin sans autre chômage que celui pendant lequel durera l'expertise de la prisée.

Différence de valeur :

S'il résulte de la seconde prisée comparée à la première une différence en plus ou en moins, les parties s'en feront compte réciproquement; quelle que soit l'importance de la différence, elle sera payée comptant, de condition expresse.

Expertise.

L'expertise sera faite à l'entrée en jouissance des preneurs, comme à leur sortie, par deux experts du choix des parties, lesquels experts, en cas de partage d'avis, s'adjoindront un tiers-expert;

Les experts et tiers-expert pourront avoir un chiffre différent pour chacun des objets; et de ces trois estimations distinctes, c'est le chiffre moyen qui devra être appliqué, quelle que soit la main dans laquelle il se trouve.

S'il arrivait que les deux premiers experts ne

s'entendissent pas sur le choix du tiers, il serait nommé par le président du tribunal de..., au pied d'une simple requête qui lui serait présentée par la partie ou l'expert le plus diligent.

Facultés réservées :

Les preneurs jouiront de tous les objets qui composent la prisée qui leur est confiée, sans pouvoir apporter à leurs systèmes ni à leurs dimensions aucun changement notable sans le consentement exprès et par écrit du bailleur.

Tout objet cassé, mais réparé, représenté fin de la jouissance, sera déprécié d'autant, et l'estimation aura lieu eu égard au dommage causé par l'accident ;

Ou bien : Tout objet cassé, quoique réparé ou en état de l'être, sera, fin de la jouissance, refusé, si mieux n'aime le bailleur le reprendre avec une différence sensible dans le prix.

Facultés accordées :

Les preneurs auront la faculté d'apporter dans le moulin tels changements et modifications qu'ils jugeront convenable, tant au gros mouvement qu'aux meules, bluteries, nettoyages, à la condition que ces changements et modifications soient de nature, soit à compléter ce qui existe, soit à remplacer l'un ou l'autre des objets existants ou à en augmenter le nombre.

Dans tous les cas, le propriétaire en sera prévenu ; il lui sera donné connaissance par un état détaillé des changements projetés, et d'après l'examen qu'il en aura fait ou fait faire, il donnera son adhésion par écrit ou son refus motivé. (Formule n° 5.)

Conditions d'usage.

Les bâtiments et dépendances seront livrés aux preneurs dans un bon état d'entretien de réparations locatives, afin qu'ils puissent en jouir sans trouble ni interruption à partir de leur entrée en jouissance, époque à laquelle il sera dressé un état des lieux aux frais des preneurs ou à frais communs.

Les preneurs jouiront des lieux loués en bon père de famille ; ils garniront et tiendront constamment garni le moulin de marchandises, et l'habitation de meubles et effets en suffisante quantité pour répondre, au moins, d'une année de loyer.

Ils tiendront constamment le jardin en bon état de culture ; ils le rendront fumé et labouré, prêt à être ensemencé ; ils auront soin des arbres qui s'y trouvent plantés, ils feront la taille des arbres et de la treille ; ils entretiendront les treillages et palis ; ils feront aux bâtiments toutes les réparations locatives auxquelles les locataires sont ordinairement tenus, ces réparations auront lieu au moins une fois l'an. Le propriétaire aura le droit de les inspecter, et le tout sera rendu en fin de bail conformément à l'état de lieux qui en sera dressé et reconnu des parties.

Ils souffriront faire les grosses réparations reconnues nécessaires et indispensables, dont la durée ne pourra excéder quarante jours, à moins d'une indemnité basée sur la privation des lieux ou le dommage causé.

Les preneurs ne pourront employer le moulin à un autre usage que celui de convertir le blé en farine.

Ils ne pourront céder leurs droits au bail que du consentement du bailleur.

Prix :

Le présent bail est consenti moyennant la somme de mille francs de loyer annuel que les preneurs s'obligent solidairement, sans division ni discussion, payer au bailleur, en sa demeure, à D., ou à son fondé de pouvoir, en deux termes égaux dont le premier de cinq cents francs s'effectuera le vingt-quatre décembre mil huit cent soixante, et le second six mois après, pour ensuite continuer de six mois en six mois jusqu'à l'expiration du bail.

Les contributions foncières restent à la charge du bailleur, celle des portes et fenêtres seront acquittées par les preneurs.

Les preneurs payeront, le jour de leur entrée en jouissance, une somme de.... francs à titre d'avances sur les loyers, laquelle somme sera imputable sur les derniers six mois de jouissance.

Curage.

Les preneurs seront tenus, pendant tout le

temps de leur jouissance dudit moulin, de faire le curage des biefs supérieur et inférieur, jusques aux limites déterminées par l'autorité ou le garde des eaux.

Ce curage sera exécuté toutes les fois qu'il sera ordonné par l'autorité, et il sera fait de manière à satisfaire les intérêts locaux.

Ils feront le fauchage des herbes et des berges de la rivière, au moins deux fois l'an.

Ils entretiendront les berges du bief supérieur de manière à recevoir les vases du curage et à ne permettre aucune fuite ni perte d'eau.

Ils entretiendront aussi, en bon état de fauchauge et de curage, la rivière de décharge ainsi que les boëles, fossés et rigoles dépendant de la propriété louée.

Ils veilleront à la conservation du déversoir, du repère et de toutes choses dépendantes de la propriété louée.

Ils profiteront de l'élagage des arbres-futaies qui n'aura lieu que tous les trois ans et par tiers.

Les bois-taillis sont réservés par le bailleur qui en fera la coupe à son gré.

Le tout a été ainsi convenu, arrêté, signé et fait double par les parties.

A Paris, le... mai mil huit cent soixante.

(*Signatures.*)

FORMULE N° 13.

Cautionnement de bail.

Au présent bail sont intervenus :

Monsieur Adrien B... père, propriétaire, demeurant à La Montagne, et dame Marguerite L..., son épouse de lui autorisée ;

Lesquels, après qu'il leur a été donné connaissance de toutes les clauses et conditions contenues au bail consenti au profit des époux G..., leurs fils et belle-fille, par Monsieur Arm., propriétaire, comme s'ils étaient eux-mêmes preneurs dudit bail, ce que Monsieur Arm. bailleur a consenti et accepté.

Fait en double à Paris, le...

(Lu et approuvé.)

(*Signatures.*)

FORMULE N° 14.

Ratification de bail.

Il arrive qu'un propriétaire loue son moulin à un jeune meunier, non marié ; il stipule dans le bail que la jeune épouse, aussitôt après son mariage, ratifiera le bail, afin d'être, avec son mari, solidairement responsable.

Je, soussigné, dame Adèle B... D..., épouse de Louis D... L..., meunier, demeurant à ..., de lui autorisée à l'effet du présent ;

Après avoir pris connaissance du bail du moulin de B... et ses dépendances, en date du ... mai dernier, fait à mon mari par Monsieur Arm., propriétaire dudit moulin ;

Déclare approuver et ratifier ledit bail dans tout ce qu'il contient, pour, par moi, être exécuté solidairement avec mon mari, comme s'il avait été fait pour moi et en ma présence.

A.... le...

(*Signature.*)

FORMULE N° 15.

Ratification par le fils d'un bail fait à son père.

Je, soussigné, Louis F... P..., meunier de profession, demeurant chez mon père, à Soisy;

Après avoir pris connaissance du bail du moulin de Bar, à la date du ... dernier, fait au profit de Monsieur P... P..., mon père, par Monsieur Arm., propriétaire,

Déclare approuver, ratifier et accepter ledit bail dans son ensemble, pour, par moi, en exécuter ponctuellement toutes les clauses et conditions comme si ledit bail eût été consenti à moi-même et fait en ma présence.

A ... le ...

(Signature.)

FORMULE N° 16.

Résiliation de bail par suite d'événement.

Les soussignés :
Monsieur Arm., propriétaire, demeurant à ...,
commune de ..., d'une part ;
Et Monsieur Ben..., meunier, et dame Élisa Ben..., son épouse, de lui autorisée, demeurant ensemble à Bar, d'autre part ;
Conviennent ensemble de ce qui suit :
Par suite d'un événement imprévu, les parties veulent que le bail en date du ..., fait par Monsieur Arm., au profit de Monsieur Ben..., concernant le moulin de Bar, demeure nul et résilié pour tout le temps qui restera à courir à partir du vingt-quatre juin prochain, sans pouvoir prétendre l'un contre l'autre aucuns dommages et intérêts, sans préjudice des loyers qui seront alors dus.
Fait double à ..., le ...
(Signatures.)

FORMULE N° 17.

Résiliation de bail pour cause prévue.

Les soussignés :

Monsieur Arm. (comme à la précédente formule) (n° 16),   d'une part;

Et Monsieur B... (comme ci-devant),   d'autre part;

Conviennent ensemble :

Que, par ces présentes, ils veulent et entendent volontairement se désister et départir de tous les effets et de l'exécution du bail du moulin de Bar, fait entre eux sous signatures privées, en date du deux janvier mil huit cent cinquante, et déclarent réciproquement l'un et l'autre qu'à partir du sept mai prochain, sera nul et résilié ledit bail, sans indemnités ni dépens, ni dommages et intérêts, auxquels les parties renoncent dès à présent et pour toujours;

Pour, par le propriétaire, en faire et disposer comme bon lui semblera.

Il est bien entendu que la présente résiliation est faite à la condition expresse que ledit jour, sept mai, le preneur acquittera tous les loyers alors dus et échus, conformément au bail, lequel, pour cela, aura toute sa force, toute sa vertu.

Quant à la prisée, elle sera faite à la nouvelle époque fixée par la résiliation, comme elle se serait faite fin du bail : les parties entendant bien ne rien déroger, ni changer aux conditions dudit bail relatives à cette prisée : lequel bail, pour cela, comme pour les loyers, conservera toute sa puissance.

Fait double à ...., le ....

(*Signatures.*)

FORMULE N° 18.

Transport de bail.

Entre les soussignés :

Monsieur Augustin B...., meunier, demeurant à Bar, d'une part ;

Et Monsieur Marie C..., aussi meunier, demeurant au moulin de l'Écluse, commune de B...,
d'autre part ;

A été convenu ce qui suit :

Monsieur B..., ayant, pour des motifs d'intérêt, l'intention de quitter le moulin de Bar dont il est locataire de Monsieur M..., aux termes d'un bail en date du ... 1857,

Déclare vouloir céder et transporter, à Monsieur Marie C..., qui l'accepte, tous ses droits audit bail, pour tout le temps qui restera à courir à partir du onze novembre prochain (186), moyennant le prix et les charges dudit bail duquel Monsieur C... déclare avoir pris connaissance par la lecture.

Ce transport est fait à la charge, par le cessionnaire, qui s'y oblige : 1° de remplir ponctuellement et exactement toutes les clauses, charges et conditions stipulées audit bail, sans pouvoir prétendre à s'exonérer d'aucune ; 2° et de payer exactement en l'acquit du cédant à Monsieur M..., propriétaire, à compter du ..., jusqu'à la fin du bail, aux époques et de la manière que le faisait le cédant, la somme de ...

francs de loyer annuel, due audit propriétaire pour la location de son moulin susdésigné ; de sorte que le premier payement à la charge du cessionnaire se fera le onze mai 1858, et le second le onze novembre suivant, et ainsi de suite de six en six mois jusqu'en fin de bail.

Le tout sera exécuté de la part du cessionnaire de sorte que le cédant ne soit inquiété ni recherché à ce sujet.

Monsieur B..., cédant, déclare donner quittance de la somme de ... qu'il vient de recevoir de son cessionnaire, Monsieur C..., pour le remboursement des avances de loyer et qu'il avait payée lui-même au propriétaire ; laquelle somme stipulée imputable sur les six derniers mois de jouissance dudit bail.

Le présent transport est fait au moyen du consentement de Monsieur M..., propriétaire, ainsi que le cédant en a justifié au cessionnaire.

Fait double, pour être exécuté de bonne foi, à ... le ...

(Signatures.)

FORMULE N° 19.

Résiliation de bail pour cause de décès.

Par bail sous seing privé en date du 27 juin 1852, la mort de Monsieur B... y étant prévue, il est exprimé ceci :

« Dans le cas du décès de M. B..., locataire, « le bail sera résilié de plein droit, si bon semble « à sa veuve ou à ses héritiers.

« Quelle que soit l'époque où le décès aura « lieu, la jouissance ne pourra être aussitôt in- « terrompue ; elle devra se continuer jusqu'à la « période la plus rapprochée, pourvu, toutefois, « que la première période ne se présente pas « avant six mois complets après le décès ; dans « le cas contraire, la jouissance se continuerait « une année de plus, c'est-à-dire que la pé- « riode se présentant avant six mois serait re- « portée à la même époque de l'année suivante. »

A l'époque ainsi modifiée par l'effet de l'événement survenu, toutes les choses se passeront et devront se passer de la même manière qu'elles sont prévues pour la fin de la jouissance du bail.

Devant lesquelles conditions, les parties représentant M. B. déclarent dès lors s'incliner, les considérant comme étant leur loi.

Fait double à ... le ...   (*Signatures.*)

FORMULE N° 20.

Compromis pour expertise.

Nous, soussignés :

Jean Baure, propriétaire du moulin de l'Écluse, demeurant à   , d'une part ;

Et Georges Pierre, meunier, sortant du moulin susdit, y demeurant   , d'autre part ;

Sommes convenus de ce qui suit :

Le bail du moulin de l'Écluse touchant à sa fin, il y a lieu, pour nous, de faire procéder à la prisée afin d'établir la différence de valeur s'il y en a, entre la prisée future et celle qui a eu lieu à l'entrée en jouissance de M. Pierre.

A cet effet, nous nommons pour nos experts, moi, Baure, M. Felix, mécanicien, à Paris; et moi, Pierre, M. Fils, ingénieur, demeurant à Rouen.

Auxquels deux experts, nous donnons pouvoirs de procéder contradictoirement à la reconnaissance, à l'examen et à l'estimation des mécaniques, machines, accessoires et ustensiles composant la prisée dudit moulin de l'Écluse, et d'en dresser procès verbal.

Nous les autorisons également à s'adjoindre un tiers-expert pour le cas où ils seraient divisés d'opinion.

Et pour le cas où les dits experts ne pourraient s'entendre sur le choix du tiers, nous le nommerions nous-mêmes ou nous en réfèrerions au président du tribunal de ... sur simple requête présentée par l'un de nous.

Nous déclarons nous en rapporter aux dits experts et tiers-expert, et nous convenons que leur décision, ayant pour seul effet l'estimation de tous les objets de la prisée, fera notre loi et sera sans appel.

Nous dispensons les experts des formalités et

délai judiciaires ainsi que du dépôt de leur procès-verbal d'estimation, lequel sera dressé en double et à nous remis contre le payement de leurs honoraires et déboursés.

Fait en double à ..., le ...
Lu et approuvé. (*Signatures.*)

FORMULE N° 21.

Prolongation de bail.

Entre les soussignés :
Monsieur A. D., propriétaire, demeurant à Villebon, , d'une part ;
Et M. Léon, meunier, demeurant à Dur, et dame Adèle Ch., son épouse, qu'il autorise à l'effet des présentes , d'autre part ;
Il a été convenu ce qui suit :
Le bail sous seing privé du moulin de Bar, portant la date du premier janvier 1816, et qui doit expirer le premier janvier prochain, continuera

d'avoir son cours, et par conséquent tous ses effets, pour neuf années entières et consécutives aux mêmes clauses, charges et conditions que celles exprimées audit bail, et pour le même prix pour chacune des années de jouissance.

Les preneurs s'obligent solidairement, comme par le passé, à payer au bailleur chaque terme ainsi qu'il est porté au bail qui prend fin, bail auquel les parties déclarent qu'il n'est rien changé ni modifié, pour ladite prolongation avoir lieu pendant neuf ans.

Par conséquent, la prisée qui devait avoir lieu le premier janvier prochain est ajournée à la fin de la nouvelle jouissance; pour cette prisée, il ne sera dérogé en rien à ce qui est dit au bail primitif.

Fait en double à ..., le ...

(*Signatures.*)

FORMULE N° 22.

Autre prolongation de bail avec augmentation de loyer.

Les soussignés :

Monsieur D. A., propriétaire à Villebonnet (Yonne)   , d'une part ;

Et M. D. A. B., meunier, et dame Adèle Ch., son épouse de lui autorisée à l'effet des présentes, demeurant au moulin de Bar, commune de ce nom (Haute-Saône)   , d'autre part ;

Ont arrêté, à titre de bail, ce qui suit :

Le bail fait entre les intéressés, à la date du premier janvier mil huit cent cinquante, étant sur le point d'expirer, les parties conviennent qu'il continuera d'avoir son cours et tous ses effets, comme par le passé, pour six ou neuf années entières et consécutives, au choix respectif des parties, en se prévenant un an avant l'expiration de la première période de six ans ; aux mêmes clauses, charges et conditions que celles stipulées audit bail, mais moyennant une augmentation de prix du loyer, de trois cents francs par chaque année à courir, de sorte que le prix de la location, au lieu de deux mille francs, est porté à deux mille trois cents francs pour chacune des six ou neuf années de la nouvelle jouissance, payable comme par le passé tous les six mois ; de sorte que chacun des payements à effectuer sera de onze cent cinquante francs, que les preneurs s'obligent solidairement à payer au bailleur, en sa demeure.

Les parties déclarent qu'il n'est rien changé ni dérogé aux conditions du bail qui expire, si ce n'est l'augmentation de prix du loyer, qui vient d'être fixée ; tout le surplus devant être maintenu et respecté, de condition expresse.

Fait double à ..., le ... mil huit.

(Signatures.)

FORMULE N° 23.

Prolongation de bail avec modifications au mécanisme.

Les soussignés :
Monsieur Louis Bonnet, propriétaire, demeurant à Ségur   , d'une part ;
Et M. Etienne, négociant-usinier, et dame Henriette Bon, son épouse, de lui autorisée, demeurant ensemble au moulin de Bar   , d'autre part ;

Ont arrêté à titre de bail ce qui suit :

Le bail dudit moulin de Bar, appartenant à M. Bonnet, exploité par M. Etienne, doit expirer le dix juin prochain ; les parties contractantes déclarent ici vouloir le maintenir et prolonger, pour avoir son cours et tous ses effets pendant une nouvelle période de neuf ans consécutifs, à partir dudit jour, dix juin prochain (1861).

Toutes les clauses, charges et conditions stipulées audit bail portant la date du trois mars

1847 sont strictement maintenues ; elles seront, comme par le passé, exécutées par les preneurs ainsi qu'ils s'y obligent solidairement.

La prisée qui doit avoir lieu prochainement recevra son exécution ; il y sera procédé, ainsi qu'il est dit audit bail, par deux experts du choix des parties, lesquels auront la faculté de s'adjoindre un tiers-expert en cas d'avis différents.

Aussitôt le chiffre de la prisée déterminé, il sera fait au mécanisme les changements qui suivent :

1° La roue hydraulique sera élargie et portée à trois mètres.

2° Le coursier sera refait de dimensions convenables pour recevoir la roue hydraulique.

3° Les principaux engrenages constituant le gros mouvement seront faits à neuf, et combinés de manière à ce que les meules fassent quarante tours contre un de roue hydraulique ; c'est-à-dire que la roue fera trois révolutions par minute et les meules cent vingt.

4° Tous les arbres horizontaux et verticaux seront faits à neuf et posés sur pierres de taille disposées à cet effet.

5° Tous les travaux susénoncés seront faits aux frais du propriétaire qui en prend l'engagement; ils seront exécutés par M. Théodore, mécanicien, qui vient d'en être chargé, et sous la surveillance de M. Étienne, locataire, intéressé à la chose.

Lesdits travaux seront terminés fin août prochain, ainsi que M. Théodore vient d'en prendre l'engagement par son marché vis-à-vis du propriétaire; et c'est à cette époque que commencera à courir le loyer, les travaux à faire exigeant un chômage qui durera du 10 juin au 30 août; pendant ce chômage le loyer cessera d'avoir lieu et reprendra son cours après l'achèvement des travaux et la mise en mouvement de l'usine.

En raison de la dépense à faire par le propriétaire, le loyer sera augmenté d'un intérêt de quatre pour cent de la dépense générale, qui sera fixée au moyen de la réunion des mémoires de tous les fournisseurs et ouvriers qui auront contribué auxdits travaux.

Fait double à..., le... mil huit cent...

(*Signatures.*)

FORMULE N° 24.

Consentement à des changements.

Je, soussigné, A. D., propriétaire du moulin de Bar, exploité par M. Léon, mon locataire;

Sur la proposition que m'a faite M. Léon d'introduire dans mon moulin divers nouveaux objets mécaniques, et faire divers changements et améliorations aux objets existants, le tout faisant l'objet d'un état détaillé qu'il m'a remis et que j'ai attentivement examiné;

Considérant que ces changements, additions et améliorations sont de nature à avantager mon moulin et à le tenir à la hauteur des progrès jusqu'ici survenus;

Je déclare donner à M. Léon mon adhésion pleine et entière à l'exécution des travaux en question, conformément à l'état qu'il m'a présenté de lui signé, à la condition expresse que M. Léon en fera tous les frais et avances.

Je l'autorise à faire entrer en prisée tous les

objets détaillés en l'état en question, état que je conserve devers moi jusqu'à l'expiration du bail, époque à laquelle je devrai lui payer lesdits objets à dire d'experts, et pour la valeur qu'ils représenteront alors.

En cas de décès, ces changements et additions ne pourront, dans aucun cas, être contestés par mes ayants-droit.

Fait et écrit de ma main, à..., le... mil huit cent soixante.

(Signature.)

FORMULE N° 25.

Refus de consentement à des changements projetés.

Je, soussigné, A. D., propriétaire, demeurant à B...;

Sur la présentation que m'a faite M. Léon, locataire du moulin de Bar, dont je suis propriétaire, d'un état contenant détail de plusieurs objets mécaniques qu'il se propose d'ajouter et introduire dans mon usine, ce qu'il entend faire à ses frais et risques;

Considérant que les objets qu'il se propose d'ajouter ne sont que de pure fantaisie et de nulle utilité, je déclare m'opposer formellement à l'introduction desdits objets dans mon usine.

A..., le... mil huit...

(*Signature.*)

FORMULE N° 26.

Prisée estimative.

L'an mil huit cent soixante, le premier jour d'avril;

Nous, experts ci-après dénommés :

1° Pierre Simon, mécanicien, demeurant à Batignolles-Paris (Seine);

2° Louis Pierre, mécanicien-ingénieur, demeurant à Égreville (Seine-et-Marne);

Tous deux amiablement choisis, le premier par M. Georges, propriétaire à Saint-Magloire, et le second par M. Jean, meunier, demeurant à Saint-Just;

A l'effet de procéder à l'estimation de tous les objets composant la prisée du moulin de l'Écluse, sis commune des Bains, dont M. Georges est propriétaire et M. Jean locataire, aux termes d'un bail en date du premier mars dernier, enregistré;

Sur l'invitation des parties intéressées, nous sommes allés audit moulin, où nous avons trouvé ces Messieurs, propriétaire et locataire, lesquels ont dit:

« Nous donnons aux experts Simon et Pierre
« tous les pouvoirs nécessaires pour procéder
« à la reconnaissance, à l'examen et à l'estima-
« tion de tous les objets en général, mécani-
« ques, machines, accessoires et ustensiles
« composant la prisée du moulin de l'Écluse,
« et en dresser procès-verbal.

« Nous les autorisons également à s'adjoindre
« un tiers-expert pour le cas de partage d'avis.

« Et pour le cas où ils ne pourraient s'en-
« tendre sur le choix du tiers, celui-ci serait
« nommé par le président du tribunal de..., sur

« simple requête qui lui serait présentée par l'un
« des experts ou par la partie la plus diligente.

« Nous déclarons nous en rapporter auxdits
« experts et tiers-expert, et nous voulons,
« sans discussion ni appel, que leur décision
« soit notre loi.

« Nous dispensons les experts des formes ju-
« diciaires ainsi que du dépôt de leur procès-
« verbal, lequel sera dressé en double et à nous
« remis contre le payement de leurs honoraires
« et déboursés, fixés dès à présent à la somme
« de... francs pour chacun d'eux. »

De tout ce qui précède, nous, experts susdits, avons donné acte aux parties présentes, lesquelles ont avec nous signé, lecture faite.

Fait en double au moulin de l'Écluse, commune des Bains, les mêmes jour, mois et an que dessus.

Approuvé et bon pour pouvoir.

(*Signature.*)

Approuvé et bon pour pouvoir.

(*Signature.*)

Accepté la mission.　　Accepté la mission.
　　(P.)　　　　　　　　　(S.)

Travail des Experts.

Aussitôt notre mission acceptée, nous nous sommes livrés à l'examen des objets à estimer, nous avons pris note des dimensions et des qualités, et du tout nous rendons compte par le détail qui suit.

Sur le point de faire connaître le résultat que nous avons obtenu par le travail particulier de chacun de nous, nous sommes demeurés en différend, et, ne pouvant parvenir à nous entendre, sommes d'avis de nous adjoindre M. Pardon, ingénieur-mécanicien, demeurant à Bonneville, lequel, en qualité de tiers-expert, fera son estimation comme nous avons fait chacun la nôtre, et le prix moyen résultant de ces trois appréciations distinctes, de quelque part qu'il vienne, sera celui qui devra être appliqué à chacun des articles, et de là sortira la loi des parties. C'est ainsi que les deux premiers experts l'entendent et que les parties en conviennent.

Le tiers-expert arrivé, il a, de son côté, et en présence des deux autres experts, visité le moulin ; il a pris note des qualités et défauts de chaque objet à estimer, dont les dimensions lui ont été données par les deux premiers experts, après quoi, et de concert avec eux, il a fixé les estimations ainsi qu'elles suivent :

ARTICLE PREMIER.

Le gril retenant les herbes, placé dans le bief supérieur, en avant du coursier, composé de deux sommiers en bois et de trente barreaux en fer plats, pesant ensemble 90 kilogrammes ; les barreaux en bon état et le bois au tiers usé, estimé quatre-vingt-seize francs, ci. . . . . 96 fr. »

ART. 2.

La vanne de décharge en madriers de chêne traversés de deux boulons et ferrée de de deux plates-bandes en fer ; son mouvement complet en fer et fonte portant manivelle en fer. Les fer et fonte en bon état et dont rien ne fait défaut, et le bois au quart usé, non compris poteaux, chapeau, et seuil. . . . .

ART. 3.

La vanne motrice, en bois de chêne, sa

A reporter. » »

FORMULAIRE.

Report. » »

contre-vanne, les boulons les traversant, les plates-bandes en fer. Le mouvement complet en fer par crémaillères, engrenages, galets, arbres, manivelle en fer, plateaux et paliers; les bois en parfait état ainsi que les ferrements, ceux-ci quoique fortement rouillés . . . . » »

ART. 4.

La roue hydraulique de 5^m 15 de diamètre, et 3^m 00 de large, en bois de chêne, composée de trois anneaux de jantes, dix-huit bras, quarante aubes complètes, cent vingt coyaux, le tout en bois, cent vingt goussets en fer, trois croisillons en fonte calés en bois, avec six cordons de tasseaux sur les côtés, cinquante-quatre boulons de croisillons, dix-huit brides en fer serrées par des triples clefs, dix-huit doubles plates-bandes cintrées tenues par chacune deux boulons et triple clef; cent vingt boulons chaînant les coyaux; les bois de cette roue au quart usés, les aubes au sixième et les fer et fonte également au sixième usés; le tout dans cet état, estimé. . . . » »

A reporter. » »

Report. » »

ART. 5.

L'arbre de la roue hydraulique en bois, de 58 centimètres de grosseur, au quart usé; six frettes en fer, deux tourillons en fonte à ailes et 25 kilogr. de serres en fer dans les deux bouts de l'arbre; lesdits ferrements en bon état, moins les deux fusées de tourillons, un peu grippées, estimés. . . . . »

ART. 6.

Les deux paliers placés sous les axes dudit arbre, en fonte, tenus sur pierre par chacun deux boulons; deux coussinets en bois de gaïac, chapeaux en fonte, en bon état; estimés. . . . . » »

ART. 7.

Un panneau en bois de chêne, bouchant le passage de l'arbre dans le mur de tampanne, avec quatre pattes scellées, à demi usé, estimé. . . . . » »

ART. 8.

Le premier gros engrenage placé sur l'arbre susdit, de $2^m 70$, vis à centrer, plaques en fer, cales et tasseaux en bois; ledit

A reporter. « »

Report. » »

engrenage en fonte, en bon état, garni de 184 dents en bois de cormier au sixième usées ; la fonte non tournée ;

Et son pignon en fonte, ayant quarante-neuf dents du même jet : il est tourné et les dents limées, en bon état ; ces objets estimés. . . . . » »

ART. 9.

L'arbre vertical du rez-de-chaussée, en fonte, tourné, garni d'un pivot aciéré et son pas en acier trempé ; estimé. . . . . . » »

ART. 10.

La crapaudine placée sous cet arbre, sa poëlette en arc, vis et boulons à scellement. . . . . » »

ART. 11.

Le collier, placé au sommet dudit arbre, en fonte, quatre coussinets en cormier, 8 vis à centrer et quatre boulons, en bon état. . . . . » »

ART. 12.

La grande roue droite commandant les pignons de meules, de 3^{m}00, tournée et

A reporter. » »

Report. » »

garnie de deux cent quatre-vingt-seize dents en cormier au cinquième usées ;

Plus quatre pignons en fonte, tournés et divisés, les dents du même jet sans usure prononcée ; le tout estimé. . . . . » »

ART. 13.

Quatre arbres de meules, en fonte tournée, de $2^m\,00$, huit pointes postiches, dont quatre de rechange, huit pas en acier dont quatre de rechange, quatre pointals en acier et fer, le tout en bon état, sauf les pointes tournantes, considérées comme au tiers usées. . . . . » »

ART. 14.

Quatre anilles en fonte garnies de leurs chapeau, cuvette et manchon, plus leur bague d'œillard en fonte. . . . . . . » »

ART. 15.

Quatre boitards en fonte à coussinets de bois au tiers usés, vis à centrer et plateau en fonte sous la meule, en bon état : leurs chapeaux sont en tôle et fixés par des vis, dont quatre manquent ; estimés. . . . . » »

A reporter. » »

FORMULAIRE.

           Report.   »   »

ART. 16.

Quatre poëlettes en fonte, contre-poëlettes et gobelets en fonte, vis à centrer, couvercles en fonte tournés et quatre trempures correspondant au premier étage, avec tiges et volants tournés, supports et accessoires, garnies chacune d'une clef à écrou à manche tourné ; le tout bien conditionné et en bon état, estimés. . . . . » »

ART. 17.

Quatre plateaux en fonte, recevant les colonnes, huit colonnes tournées, en fonte, et six boulons à l'intérieur ; estimés. . . » »

ART. 18.

Douze équerres en fonte, placées sous les meules, boulonnées, portant vingt-quatre vis à centrer et à niveler sur platines en fer servant de crapaudines, estimées. . . . . » »

ART. 19.

Quatre paires de meules de 1ᵐ 50, rayonnées et cerclées, en bon état de moulage, les cœurs de même nature que les feuillères,

         A reporter.   »   »

Report. » »

les courantes en pierre de La Ferté-sous-Jouarre et les gîtes de Lisigny, estimés au sixième usés. . . . . » »

ART. 20.

Quatre archures octogones, en sapin, peintes, sur barres et montants en chêne, quatre socles fixés sur le plancher et quatre petits cercles en bois enchâssant les gîtes ; en bon état, mais ayant un septième d'usure. . . . . » »

ART. 21.

Quatre cônes en tôle, au centre des meules, quatre corbeilles d'œillard en tôle, quatre engreneurs complets à vase en zinc, traverses en fonte, vis de baille-blé, et quatre tubes d'alimentation. . . . . » »

ART. 22.

Un cinquième engreneur à gruau, vase en zinc, plus gros, traverse en fer, vis de baille-blé, une poche en coutil doublée de toile ayant au sommet un châssis en bois surmonté d'une trémie fixée au plancher. » »

A reporter. » »

FORMULAIRE.

Report. » »

ART. 23.

La grue à lever les meules, sous forme de potence, en bois, pivot et mamelon en fer, une crapaudine en fonte, se changeant de place, quatre chapeaux en bois fixés au plancher, un arc en fer, deux goujons, une vis en fer, un écrou en cuivre emboîté en fer, ayant trois bras tournés; le tout dans un état parfait, estimé. . . . » »

ART. 24.

Un indicateur de vitesse à boules en cuivre, monté sur plateau en bois tenu au mur par deux boulons scellés; deux sonnettes, sans cadran, le mouvement composé d'une courroie sur deux poulies en fonte; en bon état. . . . . . . » »

ART. 25.

L'arbre vertical en fer tourné, en trois parties superposées, occupant trois étages, d'une grosseur moyenne de 60 millimètres, trois manchons d'accouplement, tournés, dont un gros à agrafe; estimés, compris trois colliers. . . . . » »

A reporter. » »

Report. » »

ART. 26.

Le tire-sac composé d'un bâtis en bois portant paliers en fonte à coussinets de bois, étrésillons au sommet, le tout peint à une couche; deux arbres en fer dont un dans le treuil, le principal tourné; deux poulies en fonte à deux joues, un tendeur complet, une courroie doublée en bon état; un treuil en bois, deux joues et cloisons préservatrices; » »

Deux cordes, dont une de tension et l'autre d'ascension, celle-ci à demi usée; deux poulies en fonte sur supports en bois et deux autres petites en bois sur chapes en fer, le tout. . . . . » »

ART. 27.

Deux engrenages d'angle, l'un au sommet de l'arbre vertical et l'autre sur l'arbre du tire-sac, ayant ensemble soixante-dix-huit dents dont celles en bois sont au tiers usées; estimés . . . . » »

Transmissions.

ART. 28.

Un arbre horizontal au deuxième étage,

A reporter. » »

Report. » »

de 3ᵐ 00, tourné; trois chaises en fonte à coussinets de bois, sur traverses fixées sous le plancher. . . . .

ART. 29.

Un second arbre horizontal semblable, *mais n'ayant que* 2ᵐ 60, pénétrant dans le nettoyage sur deux chaînes en fonte et un palier; le tout garni de coussinets en bois; traverses aussi fixées au plancher; le tout en bon état. . . . . » »

ART. 30.

Une roue d'angle placée au deuxième étage, en fonte, ayant quatre-vingt-quatre dents en bois à demi usées, et ses deux pignons en fonte, en bon état. . . . . . » »

ART. 31.

Huit anches sous les meules, dont quatre en bois, zinc et coutil, pour le dégagement, les autres également en zinc sur conduit en bois portant la boulange sur le conducteur; ces conduits aux deux tiers pourris. . . . . » »

A reporter. » »

| | Report. | » | » |

Conducteur, Élévateur, etc.

ART. 32.

Une vis conductrice, à boulange, placée au rez-de-chaussée, portant la boulange à l'élévateur, sur trois petites colonnettes en fonte tenant lieu de supports, son axe moteur étant le même que celui de l'élévateur ci-après; estimée . . . . » »

ART. 33.

Un grand élévateur double, recevant la boulange et les gruaux, bâtis haut et bas, conduits et jets en bois, les cuirs garnis de godets en peau de porc, en bon état et au complet, et, au sommet, un mouvement retardateur par engrenages d'angle, poulies et courroie venant de l'arbre horizontal du deuxième étage, la courroie de commande usée d'un cinquième . . . . . » »

ART. 34.

Deux refroidisseurs, l'un à boulange, l'autre à gruau, de chacun $2^m 15$; les chambres circulaires sur bâtis d'assemblage,

A reporter. » »

FORMULAIRE.

Report. » »

ayant chacune une porte ferrée de deux charnières et une targette;

Les râteaux en bois avec palonnier à cordes, arbres en fer et accessoires; deux engrenages en fonte à chaque râteau et un arbre intermédiaire, deux poulies et une courroie de commande . . . . » »

ART. 35.

Deux distributeurs-Charon, placés sous les refroidisseurs, et leur mouvement venant des bluteries, par poulies et courroie. » »

Bluteries.

ART. 36.

Deux bluteries de 7^{m}00, couvertes de soie à demi usée, deux vis dessous, un double coffre en menuiserie de peuplier sur bâtis en chêne, fermé au moyen de tourniquets en fonte; le tout peint extérieurement, estimé . . . . » »

ART. 37.

Le mouvement de ces bluteries composé de deux paires d'engrenages droits, deux à dents de bois au tiers usées, deux arbres

A reporter. » »

Report. » »

sur paliers à consoles, deux courroies au quart usées et quatre poulies en fonte. . » »

ART. 38.

Une bluterie à gruaux, de 7^m 00, une vis dessous de 4^m 00 ; la soie au quart usée, le coffre simple de même nature que le précédent et peint de même, avec mouvement retardateur semblable aux derniers. . . » »

ART. 39.

Une petite chambre à farine placée sous la bluterie à gruaux, composée de trois cloisons en planches de bois blanc sur poteaux et traverses en chêne, et une porte garnie de trois pentures et deux targettes, le tout peint extérieurement ;

Plus trois ensachoirs en tôle évasés du haut, sur châssis en bois fixé au plancher, serrage à poignée nouveau modèle et ceinture en cuir ; le tout peint et en parfait état . . . . » »

ART. 40.

Une chambre à farine sous la bluterie à boulange, de 7^m 00 sur 3^m 50, composée de

A reporter. » »

Report. » »

trois cloisons en planches de bois blanc sur poteaux, traverses et tasseaux, et une porte semblable à celle de la première chambre;

Et sous cette chambre un ensachoir cylindrique en tôle, châssis au sommet, ceinture et serrage semblables aux précédents; le tout estimé. . . . . » »

ART. 41.

Six ensachoirs en tôle, placés sous une bluterie, dont trois très-évasés du haut, le tout peint, monté sur châssis en bois et garni de serrage, ceinture et accessoires. » »

ART. 42.

Une bluterie à son, également de 7^m 00, son coffre semblable au dernier et peint, les soies au quart usées, son mouvement composé de deux poulies et une courroie au sixième usée;

Sept cloisons placées au-dessous formant les cases à son, non peintes, ayant sur le devant sept poteaux en bois blanc peints, et un rideau en coutil, pendant du plancher à moitié de la hauteur de l'étage;

A reporter. » »

Report. » »

le tout, y compris un conduit en bois avec crochet à corde. . . . . » »

ART. 43.

Une bluterie à brosse verticale, de $2^m 50$, son enveloppe, ses toiles métalliques au quart usées et beaucoup gommées, conduit et mouvement par poulies et courroie, estimée. . . . .

ART. 44.

Une grande trémie alimentant la bluterie ci-dessus, peinte, posée sur chevalet sous lequel est un distributeur-Charon complet de son mouvement. . . . . . » »

ART. 45.

Deux engrenages d'angle pour transmettre le mouvement à la bluterie à brosse, dont un à dents de bois, arbre de renvoi et grande poulie de commande . . . . . » »

ART. 46.

Une grande trémie en planches sur charpente en chêne, au-dessus du nettoyage. » »

A reporter. » »

FORMULAIRE. 269

Report.   »   »

Nettoyage.

ART. 47.

Un distributeur cannelé en fonte, tournant par poulies et courroie, et un tube s'introduisant dans un émotteur. . . . .   »   »

ART. 48.

Un cylindre de 1^m 25, émotteur et cribleur, avec hélice dessus pour réunir le grain, bâtis le supportant et conduits dessous, et un récepteur à déchets avec mouvement. . . . .   »   »

ART. 49.

Trois élévateurs à blé, complets de leurs conduits et mouvements, de chacun 5^m 00.   »   »

ART. 50.

Deux cylindres à râpe verticaux, de 2^m 00 de tôle, ayant chacun deux ventilateurs adhérents, mouvements par poulies et courroies venant d'un arbre vertical intermédiaire prenant son mouvement sur l'arbre horizontal du deuxième étage, au moyen de deux engrenages d'angle

A reporter.   »   »

Report. » »
dont un à dents de bois aux trois quarts usées, les courroies usées au tiers et les tôles complétement. . . . . » »

ART. 51.

Deux cylindres cribleurs en tôle découpée, au quart usée, leurs courroies usées d'un cinquième; leurs bâtis et coffres peints et leurs mouvements par engrenages à dents de fonte dont l'usure est insignifiante. . . . . » »

ART. 52.

Un cylindre mouilleur en zinc, de $1^m 75$, portant le blé dans le boisseau des meules, son mouvement par deux poulies et une courroie, conduits dessus et dessous. . . . . » »

ART. 53.

Un boisseau à blé nettoyé, composé de quatre cloisons en planches avec pentes à l'intérieur, le tout sur bâtis en bois de hêtre; plus une porte à coulisse et un orifice de dégagement aussi à coulisse. . . » »

A reporter. » »

Report. » »

Accessoires, Ustensiles, Outils, etc.

ART. 54.

Deux fléaux à peser, l'un au premier, l'autre au dernier étage; leurs suspensoirs en fer et dragonnes, leurs plateaux en bois à armature en fer, en bon état;

Deux cents kilogrammes de poids en fonte, marqués et poinçonnés;

Deux mains à farine en fer blanc et tôle;

Le tout réuni, estimé. . . . . » »

ART. 55.

Une règle (étalon) en fonte, de 1^m 60, sa boîte en bois et deux supports en fer; deux règles en bois, dont une longue de 1^m 60, en trois morceaux. . . . . » »

ART. 56.

Un niveau à bulle d'air de 0^m 25, son étui en cuivre, en bon état. . . . . . . » »

ART. 57.

Cinquante marteaux à rhabiller, cinq autres plus gros pour rayonner; moitié de

A reporter. » »

Report. » »

ce nombre ayant besoin d'être ressués et l'autre moitié au tiers usés. . . . . . . » »

ART. 58.

Deux boîtes à marteaux, ferrées, quatre manches tournés et ferrés, à demi usés, une meule à repasser, tournante à manivelle, châssis et auge de 0^m 75 de diamètre. . . . . » »

ART. 59.

Une grosse clef à écrou pour les vis des plus gros engrenages, une pour les pignons de meules, une autre à béquille pour les boitards, une clef anglaise en bon état, trois autres ordinaires à fourchettes et un cric en fer et fonte pour débrayer les pignons. . . . . » »

ART. 60.

Une pince en fer de 8 kilogrammes, une masse de 6 kilogrammes, un marteau ordinaire, une tenaille, un tire-bourre, un tourne-vis, une alêne, deux emporte-pièces et un tendeur de courroie en fer avec poulies en cuivre et corde setin. . . . . » »

A reporter. » »

Report. » »

ART. 61.

Cinq brouettes à roues de fonte, beau modèle, en bon état, mais ayant déjà perdu chacune trois francs de valeur;

Trois escabeaux en bois de sapin, peints, un banc à rhabiller et une échelle de dix échelons pour veiller aux machines du dernier étage; le tout estimé. . . . . . » »

ART. 62.

Cinq balais de crin, dont trois à demi usés et deux aux deux tiers; deux pelles en bois, quatre brosses-époussettes à demi usées, deux burettes et un bidon à huile. . » »

ART. 63 ET DERNIER.

Une série de mesures à grain, de 1, 2, 5, 10, 20 et 50 litres, moyennement au tiers usées, estimées. . . . . » »

Montant de l'estimation générale, vingt-trois mille cinq cent soixante-trois francs, ci. . . . . 23 563 fr. 00

Notre mission étant remplie, nous avons arrêté le présent procès-verbal d'estimation, que nous avons clos en double et signé avec les parties, lecture faite.

Au moulin de L..., commune de B..., le six avril mil huit cent soixante.

(*Signatures*.)

FORMULE N° 27.

Prisée descriptive.

État descriptif des objets mécaniques, accessoires et ustensiles composant l'ensemble du mécanisme du moulin des Eaux, situé à ... ;

Loué par M. Lucas, propriétaire, demeurant à Vineuse, à M. Félix, son locataire, aux termes d'un bail en date du sept mai dernier, reçu par M^e ..., notaire à T...;

Lesquels objets doivent, aux termes dudit bail, être entretenus et renouvelés, au besoin, par le locataire.

ARTICLE PREMIER.

Un gril retenant les herbes, placé dans le bief supérieur, composé de deux sommiers en bois de chêne, en bon état, engagés des deux bouts dans les murs de berge, et de trente-deux barreaux en fer plats de chacun 1 kilogramme 500 grammes, portant un anneau en tête, aussi en bon état.

ART. 2.

La vanne de décharge en madriers de chêne de cinquante millimètres d'épaisseur, portant deux barres en bois fixées chacune par six boulons à écrou ; une crémaillère en fonte de $2^m 10$, tenue du pied par trois boulons la fixant sur la vanne, un pignon en fonte, deux petits arbres en fer, un plateau en fonte portant quatre paliers en fonte et un galet aussi en fonte sur boulon, un rochet en fonte, son valet en fer, deux engrenages droits en fonte, l'un de douze et l'autre de quarante-deux dents, et une manivelle en fer ; le tout en bon état et au complet ainsi que le bois de la vanne, ledit plateau fixé au chapeau par quatre boulons.

Nota. — Les poteaux, seuil et chapeau seront entretenus et renouvelés par le propriétaire, étant considérés comme adhérents au sol.

ART. 3.

La vanne motrice en deux parties superposées, de chacune 65 centimètres de hauteur, l'une fixe et l'autre mobile, composées de madriers en chêne de 11 centimètres d'épaisseur, prise au milieu de sa longueur, terminée à chaque bout à 8 centimètres.

Chaque partie de vanne traversée de trois boulons tenant lieu de clefs et goujons.

La partie fixe est adaptée aux poteaux par quatre boulons, deux à chaque bout.

Deux plates-bandes en fer fixées à la partie mobile portent en tête une genouillère jointe à la crémaillère au moyen d'un boulon.

Deux crémaillères en fonte de chacune 2^m 75, deux pignons en fonte à douze dents et à deux joues;

Deux plateaux en fonte portant chacun un palier en fonte et un galet de crémaillère, fixés par chacun trois boulons à écrou sur le chapeau en bois.

Un arbre en fer non tourné, de 52 millimètres de diamètre, dont un bout pénètre dans l'intérieur du moulin, où il repose sur un palier en fonte assis sur une traverse en bois scellée au mur ; à travers lequel mur ledit arbre passe dans une niche à jour pratiquée à cet effet; dans cette niche un autre arbre de petite dimension sur deux paliers en fonte assis sur chacun une traverse en bois scellée.

Ce petit arbre porte un volant en fonte à manette, de 0^m 50 ; deux engrenages droits en fonte complètent le mouvement de la vanne, l'un de douze et l'autre de quarante-huit dents, en parfait état; plus un rochet en fer et son valet; ledit rochet ayant une dent cassée.

Nota. — Les poteaux, chapeau, seuil, col-de-cygne et

coursier, seraient-ils en bois, restent à la charge du propriétaire comme choses immuables et adhérentes au sol.

Art. 4.

La roue hydraulique, dont la principale construction est en bois, composée de trois anneaux de jantes, vingt-quatre bras (rayons), cent vingt coyaux, autant de goussets en bois et autant de clefs de coyaux, quarante aubes en orme, complètes, de vingt millimètres d'épaisseur, ayant une largeur de $0^m.75$; contre-aube comprise; trois croisillons en fonte calés en bois, ayant sur les côtés chacun deux cordons de tasseaux en bois; cette roue est au sixième usée.

Les croisillons sont à huit bras, traversés de chacun deux boulons.

Vingt-quatre brides en fer reliant les jantes aux bras, traversées de trois clefs;

Vingt-quatre doubles plates-bandes reliant ensemble les jantes, tenues par chacune deux boulons et une triple clef.

Cent vingt boulons servant à chaîner les coyaux et trois cent soixante autres boulons fixant les aubages, dont trois à chaque coyau.

Tous ces ferrements sont rouillés, mais ils présentent toute la solidité désirable.

Art. 5.

L'arbre de ladite roue, en bois, ferré de :

(Continuer ainsi le détail jusqu'à la fin.)

(Et pour terminer, dire ceci :)

Le tout a été ainsi fait et dressé avec l'attention la plus scrupuleuse, par M. Louis, ingénieur-mécanicien, demeurant à P..., lequel en a été chargé par toutes les parties intéressées qui, après avoir reconnu le présent état exact et conforme, l'ont arrêté en double et signé.

A ...   , le ...   mil huit cent ...

(*Signatures.*)

FORMULE N° 28.

Arbitrage en d'autres termes.

L'an mil huit cent soixante, le dix décembre,

Nous, soussignés :

1° Le sieur F..., architecte, demeurant à Paris, arbitre choisi par M. Ingré, propriétaire, demeurant à Bourg-la-Reine,

D'une part ;

2° Sulpice D..., mécanicien, demeurant à Anvers, arbitre choisi par M. Amédée et M. Alfred, tous deux associés, négociants, demeurant ensemble au moulin des Bains, commune de ce nom,

D'autre part ;

Nous nous sommes réunis ledit jour, audit moulin des Bains, où nous avons trouvé les intéressés susnommés, lesquels ont exposé :

« Que des difficultés se sont élevées entre
« eux à l'occasion du chômage du moulin pour
« des travaux auxquels était tenu le propriétaire,
« lesquels travaux ayant duré soixante jours,
« au lieu de quarante prévus par la loi ;

« Que les parties n'ont pu s'entendre sur l'in-
« demnité réclamée par les locataires ;

« Qu'il y a lieu d'en soumettre l'appréciation
« à arbitres.

« Les parties conviennent que les arbitres
« prendront connaissance des conventions qui
« régissent la location dudit moulin, pour par
« eux y avoir tel égard que de raison, et d'où
« devront ressortir les droits de chacun des
« contractants ;

« Décideront s'il y a lieu ou non à allouer aux
« locataires des indemnités.

« Dans le cas où ils jugeraient qu'il y a lieu à
« indemnité, ils en fixeront l'importance et di-
« ront dans quelle proportion les parties suppor-
« teront les frais de l'arbitrage.

« En cas de partage d'avis, lesdits arbitres
« s'adjoindront un tiers-arbitre qui devra se pro-
« noncer en faveur de l'avis de l'un des deux
« premiers.

« Et pour le cas où les deux premiers arbitres
« ne pourraient s'entendre sur le choix du tiers,
« celui-là serait nommé par le président du tri-
« bunal de commerce de ..., sur ordonnance
« mise au pied d'une simple requête qui lui se-
« rait présentée par l'un des arbitres ou par la
« partie la plus diligente.

« Les parties dispensent les arbitres et tiers-
« arbitres de toutes les formes et règles em-
« ployées dans la procédure ; elles veulent que
« la décision des arbitres soit leur loi, et elles
« renoncent à tous recours et appel. »

Le tout est ainsi convenu par les parties et accepté par les arbitres.

Et fait double audit moulin des Bains, les mêmes jour, mois et an que dessus.

(*Signatures.*) (*Signatures.*)

Travail des arbitres.

Les arbitres susdits ont aussitôt consulté les conventions écrites arrêtées par les parties à la date du premier mars 1850, relatives à la location du moulin des Bains qui en est l'objet principal; lesquelles conventions ne contiennent que ceci :

« Le locataire souffrira faire toutes les grosses
« et menues réparations de toute nature aux-
« quelles sont tenus les propriétaires. »

Les conventions des parties n'étant pas plus étendues, nous avons cru devoir nous reporter à la jurisprudence relative à la circonstance dans laquelle se trouvent les intéressés, et nous y rencontrons ceci :

« Art. 170. Le propriétaire pourra, dans le

« cas d'urgence, exiger le chômage de l'usine ;
« mais ce chômage ne devra, dans les cas les
« plus nécessiteux, se prolonger au delà de qua-
« rante jours, à moins d'être, le propriétaire,
« passible d'une indemnité envers son loca-
« taire.

« Art. 171. Les indemnités dans le cas ci-
« dessus seront basées sur le prix du loyer et
« des autres frais généraux que fera connaître
« l'exploitant par la tenue de ses livres.

« Art. 172. A défaut de livres en règle repro-
« duisant la masse des frais généraux, il ne lui
« sera alloué que le prix du loyer de chaque
« jour de chômage. »

Conclusions.

Considérant le peu d'étendue des conventions des parties à l'égard du chômage en question, pour lequel les locataires réclament une indemnité ;

Vu les art. 170, 171 et 172 de la jurisprudence concernant le chômage d'une usine, qui limitent le droit du propriétaire à quarante jours, sans être tenu à dommages et intérêts :

Et attendu que le chômage de soixante jours n'est nullement contesté, ce qui établit un excédant de chômage de vingt jours qui, à raison de dix francs par jour, représentant le prix du loyer fixé par la convention à trois mille cent cinquante francs par an, donnent une somme de deux cents francs, nous sommes d'avis de l'allouer à Messieurs Amédée et Alfred, locataires, à titre d'indemnité ; leurs livres consultés n'ayant pu nous faire connaître leurs frais généraux, ce qui n'a pu nous permettre de leur allouer davantage.

Quant aux frais de l'arbitrage, nous sommes d'avis que M. Ingré seul en soit chargé, attendu que les torts lui incombent.

Fait et dressé en double, dont un pour chacune des parties intéressées, au moulin des Bains, commune de ce nom, et clos le quinze décembre mil huit...

(Signatures.)

FORMULE N° 29.

Rapport d'experts.

Rapport à Messieurs les Président et Juges, composant le tribunal de première instance de l'arrondissement de P..., département de Seine-et-Oise.

L'an mil huit cent soixante, le deux février, dix heures du matin.

Nous, Louis Sulpice, ingénieur-mécanicien, demeurant à Auxerre; Nicolas Spécimen, ingénieur civil, demeurant à Paris, rue Mêlée, n° 2, et Pierre, avoué, demeurant à Paris, rue du Pont, 3;

Tous trois experts nommés par ordonnance de référé, rendue à la date du vingt-cinq janvier dernier, par M. le Président du Tribunal de P..., entre M. Bon, négociant en farines, demeurant à Montrouge, assisté de M⁰ Delarue, son avoué, constitué demandeur d'une part; et M. Grégoire, constructeur-mécanicien, demeurant au Bourget, assisté de Me Visseux, son avoué, constitué défendeur, d'autre part;

A l'effet de nous rendre à l'usine de M. Bon, sise à Villeneuve, afin de voir et visiter les travaux qui y ont été exécutés par M. Grégoire, lesquels font l'objet de difficultés entre les parties.

Dispensés du serment du consentement des parties, nous nous sommes rendus le jour sus-indiqué à ladite usine, où nous avons rencontré MM. Bon et Grégoire, en présence desquels nous avons fait lecture de l'ordonnance dont s'agit, dont le dispositif est ainsi conçu:

Nous, Président,

« Ordonnons que, par les sieurs Sulpice, in-
« génieur-mécanicien, demeurant à Auxerre;
« Spécimen, ingénieur civil, demeurant à Paris,
« rue Mêlée, n° 2, et Pierre, avoué, demeurant
« aussi à Paris, rue du Pont, n° 3 ; l'usine de
« M. Bon, située à Villeneuve, sera vue et vi-
« sitée; lesquels constateront les travaux exé-
« cutés par le sieur Grégoire, diront si lesdits
« travaux sont exécutés selon les règles de l'art

« et conformément aux conventions des parties,
« rechercheront si les causes du mauvais fonc-
« tionnement de l'usine dont se plaint M. Bon,
« proviennent du fait de Grégoire, indiqueront
« les moyens de la faire fonctionner régulièrement
« et convenablement; feront exécuter, sous leur
« direction, aux frais, risques et périls de qui il
« appartiendra, tous les travaux qu'ils jugeront
« nécessaire, et en règleront les prix, avec
« distinction de ceux qu'ils estimeront devoir
« rester à la charge de M. Bon, et de ceux qui
« doivent être supportés par M. Grégoire; pren-
« dront tous les renseignements propres à éclairer
« leur religion en indiquant la source où ils les
« auront puisés; enfin, concilieront les parties
« si faire se peut; si non, du tout ils dresseront
« leur rapport qu'ils déposeront au greffe dudit
« Tribunal, pour être par les parties requis, et
« par le Tribunal statué ce qu'il appartiendra. »

Pour satisfaire à ladite ordonnance, nous avons commencé par recevoir les dires et observations respectifs des parties, lesquels sont, savoir :

1° Ceux de M. Bon : Je fis à M. Grégoire, le deux février mil huit cent cinquante-neuf, la commande de divers objets du mécanisme du moulin dont je suis propriétaire à Villeneuve, et en même temps la proposition de lui donner à examiner l'usine, et de lui confier divers changements et réparations alors à faire au surplus du mécanisme. M. Grégoire répondit par sa présence à l'usine. Là il examina toutes les réparations, mains-d'œuvre et fournitures à faire, telles que roue hydraulique à neuf, son arbre, leurs ferrements à réparer, fourniture d'une vanne motrice avec col-de-cygne en fonte; remaniement de tous les paliers, arbres verticaux et horizontaux; le changement et renouvellement de tous les coussinets de même matière que les anciens; et il se chargea de fournir le nombre suffisant d'ouvriers capables; de faire, en un mot, tous les travaux nécessaires pour atteindre le but demandé, c'est-à-dire pour mettre le mécanisme en état de fonctionner convenablement, à la condition que chaque ouvrier employé, tant aux réparations qu'à la pose des objets neufs, lui serait payé cinquante centimes par heure de travail constaté et reconnu, laissant à ma charge le soin de nourrir et loger les ouvriers à mes frais.

M. Grégoire se chargea en outre d'exécuter à son atelier les diverses pièces neuves, ainsi que de réemployer leurs ferrements afin d'accélérer les changements à opérer à l'usine.

J'acceptai donc les propositions de M. Grégoire, et le 8 février celui-ci m'envoya deux ouvriers que je fis nourrir et loger, et que M. Grégoire visita à peine une fois par semaine; ce qui fut loin de me satisfaire et de répondre aux besoins qu'éprouvaient les ouvriers pour la direction de ce qu'ils étaient appelés à faire.

La nouvelle roue se fit donc; elle fut posée à mes frais par lesdits ouvriers de Grégoire, le tout à ma satisfaction, comme confection seulement; mais, à l'égard de la vanne motrice, de l'arbre de la roue, du remaniement de tous les arbres, renouvellement des coussinets, changements et consolidations des paliers, tous les travaux se firent avec une lenteur inexplicable et d'une manière si imparfaite, que lors de la mise en mouvement de l'usine (premier juin suivant), le fonctionnement régulier devint impossible, tant l'imperfection du remaniement de ces objets était grande.

J'adressai des réclamations à M. Grégoire, tendant à ce qu'il vînt lui-même remédier à ce qui paraissait ne pas fonctionner convenablement, lui représentant que déjà plusieurs essais avaient été tentés sans succès, qu'au contraire chaque fois il en était résulté des accidents qui ne pouvaient permettre de continuer.

Enfin, le premier juillet, cinq mois après l'entreprise qu'avait commencée chez moi M. Grégoire, je fus désappointé de voir que rien de ce à quoi ses ouvriers avaient touché ne pouvait fonctionner sans présenter des inconvénients graves.

Cette position pour moi n'était pas tenable; cependant j'avais encore attendu que Grégoire fît de nouveaux efforts, dans l'espoir de le voir réussir à faire fonctionner convenablement l'usine et de pouvoir, par cela, satisfaire aux besoins pressants de mon commerce, ce qui, au détriment de mes intérêts, n'eut pas lieu; aussi fus-je contraint de renoncer à faire mouvoir mon usine.

Et malgré l'impossibilité dans laquelle j'étais de pouvoir fonctionner, je fus appelé à payer à

Grégoire une somme de mille francs à valoir sur le montant d'une note qui me fut présentée par lui, ainsi que quatre cent cinquante francs pour nourriture des ouvriers.

A l'appui de ses dires, M. Bon nous donna son livre-copie de lettres contenant la majeure partie de sa correspondance avec M. Grégoire, où nous, experts, avons reconnu l'exactitude de ses déclarations.

2° Et ceux de Grégoire : — Je me suis, en effet, présenté chez M. Bon, où j'ai pris connaissance des changements et réparations à opérer à son usine, mais je ne me suis jamais engagé à en faire l'entreprise; j'ai fait quelques fournitures que je compte comme prises à l'atelier, et que M. Bon a fait poser par des ouvriers que je lui ai prêtés, et qui travaillaient à l'heure et pour son compte, sans responsabilité de ma part.

Je conteste avoir jamais dirigé les ouvriers qui étaient chez M. Bon; c'est bien lui, M. Bon, qui les commandait et les dirigeait dans l'exécution des divers travaux et réparations; je n'ai jamais entendu répondre des résultats qui en seraient obtenus; aussi, dans la note que j'ai présentée à

M. Bon, je porte les quelques fournitures faites comme étant prises à l'atelier et à prix de facture, puis je réclame le prix du temps passé par les ouvriers que je lui ai prêtés : en résumé, il n'y a de ma part aucune espèce d'entreprise, et par conséquent aucune responsabilité ne m'incombe.

Comme justification du langage de M. Grégoire, nous lui avons demandé s'il avait quelques lettres, quelques pièces à nous communiquer ; il a répondu qu'il y avait bien eu échange de lettres, mais qu'il n'en avait pas tenu compte, n'y attachant aucune importance.

Les déclarations des parties étant en contradiction, et ne nous trouvant pas suffisamment renseignés sur ce qui s'est réellement passé sur le lieu du travail, et ne pouvant l'être davantage par les ouvriers absents, non-seulement de l'usine, mais encore de chez M. Grégoire, leur ancien patron, où ils ne sont plus ;

Nous avons demandé à ce qu'il nous fût remis la note ou mémoire présenté à M. Bon par M. Grégoire, et que ce dernier fît venir devant nous les ouvriers qui avaient été employés aux travaux dont s'agit, afin de les prier de répondre aux diverses questions sur lesquelles nous avions besoin d'être éclairés.

Ne pouvant faire plus sur les lieux, nous nous sommes retirés, en nous ajournant à quinzaine dans le cabinet de M. Spécimen, l'un de nous, afin de permettre à M. Grégoire de pouvoir rechercher les ouvriers en question et les faire comparaître devant nous, le dix-huit février courant à onze heures du matin, dans le cabinet de M. Spécimen, à Paris, rue Mêlée, n° 2.

De tout ce que dessus, nous avons donné acte aux parties présentes, lesquelles ont avec nous signé après lecture.

Fait en ladite usine, à Montrouge, les jour, mois et an que desssus.

(*Signatures des parties.*) (*Signatures des experts.*)

Et le dix-huit février mil huit cent soixante, réunis conformément à l'ajournement pris par la précédente séance, en le cabinet de M. Spécimen, sis à Paris, rue Mêlée, n° 2;

Nous avons vainement attendu l'arrivée des

ouvriers de M. Grégoire, celui-ci nous ayant écrit qu'il ignorait complétement le lieu où ils étaient, et que par conséquent il y avait pour lui impossibilité de les faire paraître devant nous.

Considérant la lettre de M. Grégoire comme un refus de faire comparaître devant nous les deux ouvriers en question, nous avons, par une lettre collective, adressée à M. Bon, demandé qu'il voulût bien s'enquérir où pouvaient être les ouvriers de M. Grégoire, qui avaient fait les travaux de pose et de réparations chez lui, de les prier de répondre catégoriquement aux questions que nous leur posâmes sur une feuille séparée.

En même temps nous priâmes M. Bon de vouloir bien employer M. Victor, mécanicien à Vanvre, et lui faire faire tous les travaux propres à mettre l'usine en bon état de fonctionnement, *pour ensuite les prix être réglés par nous*, conformément aux prescriptions de l'ordonnance dont s'agit.

Et attendu que les éléments nous manquent pour continuer notre séance, nous la closons à midi et nous ajournons de nouveau au 10 mars prochain, au même cabinet de M. Spécimen, à la même heure, onze du matin;

Et avons signé en l'absence des parties.

(*Signatures*.)

Et le dix mars mil huit cent soixante, à onze heures du matin, réunis conformément au dernier ajournement, en ledit cabinet de M. Spécimen, en présence des parties auxquelles il avait été enjoint de se rendre;

Nous avons procédé à la révision des pièces relatives à la cause que nous avions à traiter, et notamment à la lecture de la lettre qui nous a été adressée par Vulme, ouvrier mécanicien, datée de Rouen, le 6 mars, ledit Vulme, l'un des ouvriers qui ont été employés aux travaux en question de M. Bon, de février à juin mil huit cent cinquante-neuf; laquelle lettre contenant ceci :

« Nous avons travaillé à l'usine de M. Bon, de
« février à la fin de juin, à deux ouvriers; nous
« y avons été placés par M. Grégoire, notre pa-
« tron, nous ne savons à quelles conditions, si ce
« n'est que nous étions nourris et logés par

« M. Bon; mon camarade était en quelque sorte
« sous mes ordres; j'ai été placé là par notre
« patron, M. Grégoire, avec ordre de lui de
« mener à bonne fin toutes les réparations à faire
« à l'usine, ainsi que le montage de plusieurs
« objets neufs dont la roue hydraulique était la
« plus importante. Nous ne connaissons nulle-
« ment les conditions de ces Messieurs Grégoire
« et Bon; nous avons toujours pensé que nous
« étions là comme partout ailleurs, au compte du
« patron.

« Ce que je puis dire hautement, c'est que
« M. Bon conférait avec M. Grégoire, et que ce-
« lui-ci, quoique venu très-rarement, nous com-
« muniquait les ordres de M. Bon, comme cela
« se pratique habituellement. M. Bon ne nous a
« jamais directement commandés.

« Je m'empresse de répondre seul, ne sachant
« pour l'instant où est mon camarade, qui au
« reste n'en sait pas plus que moi, plutôt
« moins. »

(Signé : VULME.)

Aussitôt connaissance prise des diverses pièces

et nous être reportés aux dires et observations des parties, dans lesquels il y avait contradiction formelle ;

Ayant sur le lieu constaté qu'il n'y avait que la roue faite d'une manière convenable et selon les règles de l'art, que tout le surplus laissait plus ou moins à désirer sous le rapport de la perfection et de la précision, nous avons procédé au règlement de la note présentée par M. Grégoire, comprenant les diverses fournitures faites au moulin de M. Bon, ainsi que le temps passé par ses ouvriers, laquelle note s'élevant à la somme de quatre mille cent francs, ci. 4 100 00

Que nous avons réglée d'un avis unanime, eu égard au temps mal employé par les ouvriers, qui ont été mal dirigés par leur patron qui seul pouvait et devait le faire ; M. Bon, plus propriétaire qu'usinier, étant presque entièrement étranger aux travaux mécaniques et par conséquent nullement apte à les diriger ;

Et attendu que la lettre de Vulme vient confirmer notre opinion à cet égard, nous rendons M. Grégoire responsable de la mauvaise direction des travaux provenant du défaut de surveillance de sa part, et nous réduisons le chiffre de son mémoire pour toutes fournitures et mains-d'œuvre à la somme de trois mille quatre cents francs, ci.   3 400 00

Quant à ce qui touche les réparations que nous avons conseillé à M. Bon de faire faire convenablement et à son gré, par M. Victor, mécanicien à Vanvre, nous en maintenons le prix, porté à douze cents francs, y compris plusieurs petites fournitures qui pourraient faire l'objet d'un supplément, mais que nous maintenons et dont nous estimons le tout devoir rester à la charge de M. Bon, ci. 1 200 00

Conformément à tout ce qui précède;

Nous concluons par une réponse catégorique à chaque chef de l'ordonnance précitée :

1° Nous avons vu et visité le moulin de M. Bon ;

17.

2° Nous avons constaté que M. Grégoire y avait fourni une nouvelle roue hydraulique, son arbre et une vanne motrice complète;

3° Que ces diverses fournitures sont exécutées selon les règles de l'art, et conformément aux conventions des parties;

4° Que les causes du mauvais fonctionnement de l'usine dont se plaint M. Bon proviennent du fait de Grégoire, par le défaut de direction de ses propres ouvriers employés dans le remaniement de tous les objets composant la transmission de mouvement;

5° Nous avons engagé M. Bon à faire faire par un sieur Victor, mécanicien à Vanvre, tous les travaux et réparations mal faits par les ouvriers de Grégoire; ce qu'il a fait d'une manière satisfaisante;

6° Nous avons tenté, entre les parties, une transaction amiable, dont nous avions posé les bases, ce qui n'a pas eu de succès.

Et nous terminons notre rapport par l'avis que voici :

Attendu les mauvais services rendus à M. Bon par M. Grégoire, baissons le chiffre de la de-

mande de Grégoire de quatre mille cent francs
à trois mille quatre cents francs, ci.   3 400 00
    Attendu aussi que les réparations et
diverses petites fournitures faites par
M. Victor sont plus complètes et satis-
font complétement les intérêts de
M. Bon, nous croyons devoir en faire
supporter à celui-ci la dépense s'élevant
à douze cents francs, ci. 1 200 00

    Là se termine notre mission et finit notre rap-
port, que nous avons clos aujourd'hui à minuit,
dix mars mil huit cent soixante.

(Signatures.)

FORMULE N° 30.

Citation d'un fait.

    En 1860, un propriétaire eut à faire procéder
à la prisée de son moulin, contradictoirement
avec le locataire dont la jouissance expirait.

Il s'agissait pour lui, propriétaire, de recevoir son moulin des mains du locataire sortant, et de le remettre entre les mains d'un locataire entrant.

Ce propriétaire, essentiellement cultivateur, possédant un moulin qui lui venait de la succession d'un de ses grands parents, n'étant nullement familier avec les usages observés dans la meunerie, et ne sachant quelle voie prendre pour conduire son affaire à bonne fin, alla consulter un de ses amis essentiellement meunier, qui lui donna le conseil de s'adresser à un expert compétent dans la matière.

Il s'adressa donc à cet expert qui vint le jour indiqué pour, contradictoirement avec celui du locataire sortant, procéder à l'examen du moulin et à l'estimation de tous les objets susceptibles d'entrer en prisée, en suivant toutefois l'ordre observé dans la première expertise qui avait eu lieu lors de l'entrée en jouissance dudit locataire dont le bail expirait.

Aussitôt rendu sur le lieu, l'expert du propriétaire prit connaissance du bail expirant, lequel bail avait été consenti par le propriétaire prédécesseur immédiat; il fit la remarque que le moulin avait été confié au locataire en question dans un état autre que celui dans lequel il se proposait de le rendre.

Il fit aussi la remarque que le bail conférait audit locataire seulement le droit d'ajouter audit moulin un troisième jeu de meules, et que les dispositions avaient été prises pour cela lors du *rétablissement* du beffroi, mais que défense expresse était faite audit locataire de changer la destination de l'usine, ou d'apporter des changements et augmentations notables à la prisée.

Or, trouvant le moulin dans un état contraire aux prescriptions du bail, à l'égard du gros mouvement et du récepteur hydraulique, l'expert s'enquit comment et par lequel des deux intéressés, propriétaire ou locataire, les changements apportés au mécanisme avaient eu lieu ; d'un autre côté, les renseignements recueillis par l'expert lui apprirent que ledit locataire avait détaché une des meules du moulin pour se l'approprier et la monter dans un autre moulin duquel il est propriétaire ; il parut constant que ce changement avait été fait par lui avec la pensée que c'était son droit ; supposant que la prisée lui avait été estimée à son entrée en jouissance et qu'il pouvait faire des objets la composant ce que bon lui semblerait, et loin de s'expliquer que le *mécanisme* lui avait été seulement confié par estimation, à la charge par lui de le représenter à la fin de sa jouissance, et qu'il ne lui avait point été vendu, ainsi qu'il pouvait le prétendre, pour par lui en disposer comme de chose lui appartenant.

Dans cette position, des questions furent posées au locataire, tendant à savoir s'il avait été autorisé par le propriétaire prédécesseur à opérer lesdits changements, notamment à transformer le canal conduisant l'eau au récepteur, à transformer aussi ledit récepteur hydraulique et à compliquer le gros mouvement par l'addition de deux principaux engrenages constituant un triple harnais. Aussitôt il répondit qu'il était l'auteur des changements en question, et qu'il les avait opérés sans le consentement du propriétaire d'alors, dans la pensée qu'il faisait une bonne action et que c'était son droit.

Enfin, ne voyant aucun inconvénient à ce qu'il fût procédé à la prisée pure et simple du moulin, prisée dont le seul but était d'assigner une valeur à chacun des objets qui la composaient, les experts s'entendirent à cet effet, et ouvrirent un procès-verbal auquel les parties prirent part en déclarant donner aux experts présents tous les pouvoirs nécessaires pour procéder à l'estimation pure et simple des objets composant la prisée et en dresser procès-verbal, après toutefois avoir pris pour base l'expertise qui avait eu lieu lors de l'entrée en jouissance.

Les parties donnèrent également aux experts pouvoir de s'adjoindre un tiers au besoin, auxquels experts et tiers-expert ils déclarèrent s'en rapporter, s'engageant à admettre leur estimation comme devant faire leur loi, sans discussion ni appel à cet égard ; mais sous la réserve de tous leurs droits pour ce qui touchait les changements opérés dont s'agit ;

Ce que les parties ont approuvé et signé avec les experts présents.

Le tout porte la mention : Fait double, la date et les signatures.

Aussitôt cette formalité remplie, les experts se sont livrés à l'examen des objets à estimer ; ils en ont pris les dimensions, ils en ont recueilli les qualités, et du tout ils rendirent compte par un détail qu'ils firent suivre.

Les experts présents n'eurent pas recours au tiers-expert; ils s'entendirent sur tous les points de leur estimation générale, qu'ils fixèrent à la somme de onze mille huit cents francs, ci. 11 800 laquelle estimation comparée à celle primitive, qui était de sept mille cinq cents francs, ci..................................... 7 500 constitua un excédant de valeur en faveur du locataire de quatre mille trois cents francs, ci.. 4 300

La mission des experts étant remplie, ils datèrent et signèrent leur procès-verbal, et les parties donnèrent leur approbation, sous la réserve expresse de tous leurs droits et actions pour cause des changements survenus audit moulin.

L'opération relative à la prisée étant terminée, il s'agissait encore pour les deux intéressés de s'entendre sur tous les points qui touchaient leurs intérêts.

Le propriétaire, par l'organe de son expert, exposa ceci :

1° Qu'il acceptait l'expertise qui venait d'avoir lieu, quant à l'estimation pure et simple desdits objets ;

2° Qu'il admettait le troisième jeu de meules dont l'addition avait été prévue et autorisée par le bail ;

3° Mais que, attendu les mauvaises conditions dans lesquelles le gros mouvement avait été modifié par le locataire, au mépris de la défense formelle résultant des termes du bail, ces changements, mal combinés, présentant au point de vue de la solidité des inconvénients susceptibles de causer des chômages répétés, pouvaient constituer le nouveau locataire dans des frais qu'il serait en droit de répéter à son propriétaire qui, dans ce cas, pourrait être attaqué pour ne pas faire jouir celui-ci, sans trouble, pendant la durée du bail, si, comme on est en droit de le penser, il était légalement constaté que le principal mécanisme et le récepteur hydraulique présentassent des inconvénients graves susceptibles de faire chômer l'usine ;

4° Que les réparations locatives à faire aux bâtiments d'habitation et autres, loin d'être achevées, n'étaient même pas commencées;

5° Que le curage des fossés, boëles et saignées, existant sur les terres et prés dépendant dudit moulin n'était point fait, et qu'il ne pouvait l'être dans la saison d'hiver où l'on se trouvait;

6° Et enfin, quoique chaque objet composant le surplus de la prisée du mécanisme du moulin fût estimé eu égard à l'état dans lequel il se trouvait au moment de l'expertise, il était constant qu'en droit le propriétaire pouvait exiger, avant d'y procéder, la mise en état de réparation convenable de tous objets qui pouvaient en avoir besoin; de telle sorte que chacun d'eux présentât, tout à la fois, et la solidité et les bons effets que l'on était en droit d'en attendre, et de manière que le locataire entrant fût exonéré de l'obligation de faire, pour tirer partie de l'usine, les réparations auxquelles était tenu le prédécesseur. En un mot, l'équité voulait que le locataire successeur ne fût pas appelé à faire le lendemain de son entrée ce qu'il était du devoir du prédécesseur de faire la veille.

Et à l'appui de cet exposé, basé sur l'équité et la raison, le propriétaire, par le même organe, proposa un arrangement amiable dans ce sens :

1° La meule enlevée, d'une qualité bien connue et supérieure à celle qui en tient lieu, celle-ci étant tellement défectueuse que les experts ont cru devoir en négliger la valeur, sera rapportée, mise en place et portée dans la prisée actuelle pour quatre cent cinquante francs, ce qui augmentera d'autant le chiffre de l'excédant à payer et le portera à quatre mille sept cent cinquante francs, ci . . . . 4 750 fr.

Si mieux n'aime le locataire compter au propriétaire une somme de mille francs, basée sur l'hypothèse qu'il pourrait arriver que le propriétaire achetât plusieurs meules avant d'en rencontrer une de même qualité que celle dont on le prive, et que le chômage, d'une part, et d'autre part, les démarches et les frais à faire pour parvenir à se procurer une aussi bonne meule, dépassassent la somme de mille francs, ce qui vient justifier la demande, soit . . . . . 1 000 fr.

2° Le chenal en bois, l'auge à la suite, le récepteur hydraulique (roue) et les gros engrenages constituant le triple harnais, mal agencés, mal combinés et présentant une foule d'inconvénients graves, seront enlevés, et le mécanisme rétabli dans l'état où il se trouvait lors de l'entrée en jouissance du locataire et conformément à l'état de prisée dressé à cette époque ; si mieux n'aime le locataire, compter à titre de tout chômage, frais, dépens, dommages et intérêts, la somme de trois mille deux cent cinquante francs ; attendu, d'une part, que les changements effectués sont vicieux, et que par conséquent ils préjudicient d'une manière notable aux intérêts du propriétaire et de son nouveau locataire, et d'autre part, que ces changements n'a-

A reporter. 1 000 fr.

Report. 1 000 f.
vaient pas la raison d'être par cela seul,
que, loin d'être autorisés, ils étaient
expressément défendus, soit 3 250

3° Et enfin les réparations locatives
n'étant pas faites en temps utile, le
propriétaire propose de l'en décharger
moyennant une somme de cinquante
francs, ci 50

Ce qui, en somme, fait une valeur
égale à l'excédant de la prisée qui vient
d'avoir lieu, soit quatre mille trois cents
francs, ci . . . . 4 300 f.

Il résulte des propositions du propriétaire
qu'il demande à rentrer dans son moulin :

1° Soit en tenant compte au locataire sortant
de l'excédant de la prisée, augmenté de quatre
cents cinquante francs pour prix de la meule
rapportée, et le moulin étant rétabli dans un état
conforme à celui dans lequel il a été confié, eu
égard au troisième jeu de meules qui, lui, a sa
raison d'être;

2° Soit en demeurant quitte de l'excédant de

valeur de la prisée et déchargeant son locataire de faire audit moulin aucun changement, aucun apport de meules, aucune des réparations locatives auxquelles il était tenu ; mais à la condition expresse qu'il reste chargé du curage des fossés, boëles et saignées, ce curage n'entrant pour rien dans la compensation qui est ainsi proposée pour tout le surplus, moins toutefois les loyers échus que payera le locataire, en dehors de cette transaction, loyers que se réserve expressément le propriétaire aussi bien que le droit du curage en question.

Cette proposition fut soumise au locataire, lequel demanda pour y répondre le temps de la réflexion, reconnaissant bien, au reste, les torts qui lui étaient imputés, comprenant parfaitement la position fausse dans laquelle il s'était mis ; il fit d'abord quelques pas vers l'arrangement amiable proposé, mais trouvant la dose à prendre susceptible de lui causer quelques angoisses, il ajourna sa réponse, ce qui mit le propriétaire dans l'anxiété, ne pouvant satisfaire aux engagements qu'il avait contractés envers son nouveau locataire ; celui-ci, de son côté, la prisée faite, étant en mesure de faire fonctionner l'usine, toute suspension de travail était un préjudice à ses intérêts, et la mise en marche de l'usine était soumise à la réponse attendue.

Le locataire intéressé à la transaction future, tardant à se prononcer, fut mis en demeure d'avoir à s'exécuter dans un bref délai, et de là ressortit son adhésion pleine et entière à la transaction proposée; ce qui fit l'objet d'un acte que l'huissier présent, porteur de la mise en demeure, rédigea : ce fut donc là que cette affaire prit fin, grâce aux bons services de l'expert F., auquel même la partie la moins satisfaite ne put faire autrement que d'adresser ses remercîments, tant ses conseils étaient judicieux.

FIN.

TABLE DES MATIÈRES

PREMIÈRE PARTIE

Description des moulins à farine.

Sections.		Pages.
	Préface	VII
PREMIÈRE	Moulins des Landes	3
	Détail du moulin Landais	4
	Citation d'un fait.	22
DEUXIÈME	Moulins du milieu de la France dans leur état primitif	30
TROISIÈME	Moulins modifiés par nos pères	42
	Moulins à vent	55
	Nettoyage Gravier	59
	Blutage à chaud	64
QUATRIÈME	Moulins de notre époque	69
	Du blutage à froid	74
	Blutage actuel	76
	Des meules	78
	Des expertises relatives aux moulins . . .	86

TABLE DES MATIÈRES.

	Pages.
Des connaissances indispensables aux experts	90
Des devoirs de l'expert	93
De l'arbitrage	97
Récepteurs en général	103

DEUXIÈME PARTIE

Jurisprudence.

PREMIÈRE SÉRIE. — Mode de constructions.

Articles.
1	Obligations du propriétaire	107
12	Du contrat	115
31	Devis et marchés. — Obligations du constructeur	119
57	Époque de livraison et d'achèvement	126
58	Garantie	126

DEUXIÈME SÉRIE.

70	Location des moulins	132
	Comment apprécier le bon ou le mauvais état d'un objet	137
112	Usure forcée. — Comment on doit l'entendre	147
	Des cassures	150
129	Facultés accordées au locataire	152
138	Changement de meules	154
	Cession du moulin	155
145	Temps moral	156
160	Objets défectueux	159
166	Vannage et Coursier	164
	Curage	166
183	Élagage	169
186	Résiliation de Bail	170
190	Arbitrage	171
199	Des ustensiles	173

TROISIÈME PARTIE

Formulaire.

Numéros.		Pages.
1	Pétition. — Demande en autorisation de construire	177
2	Devis et Marché	178
3	Machine à vapeur. — Marché relatif à l'entreprise d'une machine à vapeur	180
4	Contrat régulier	187
5	Arbitrage par suite de difficultés	191
6	Arbitrage sur autres difficultés	199
7	Autre formule d'arbitrage	203
	Examen des pièces	206
8	Décharge relative à des économies	210
9	Décharge pour défaut de solidité	212
10	Autre décharge	213
11	Exposé d'un fait relatif aux cassures	215
12	Bail d'un moulin	219
13	Cautionnement de bail	230
14	Ratification de bail	231
15	Ratification par le fils d'un bail fait à son père	232
16	Résiliation de bail par suite d'événement	233
17	Résiliation de bail pour cause prévue	234
18	Transport de bail	235
19	Résiliation de bail pour cause de décès	238
20	Compromis pour expertise	239
21	Prolongation de bail	241
22	Autre prolongation de bail avec augmentation de loyer	243
23	Prolongation de bail avec modifications au mécanisme	245

Numéros.		Pages.
24	Consentement à des changements	248
25	Refus de consentement à des changements projetés	249
26	Prisée estimative	250
27	Prisée descriptive	274
28	Arbitrage en d'autres termes	278
29	Rapport d'experts	284
30	Citation d'un fait	299
	Table des Matières	313

Paris. — Imp. W. REMQUET, GOUPY et cie rue Garancière, n. 5.

www.ingramcontent.com/pod-product-compliance
Lightning Source LLC
Chambersburg PA
CBHW070615160426
43194CB00009B/1271